敏捷组织

本书编委会　组　编

编　　委　张海濛
徐浩洵
陈有钢
华强森（Jonathan Woetzel）
梁敦临（Nicolas Leung）
王磊智（Glenn Leibowitz）

执行主编　林　琳

上海交通大學出版社
SHANGHAI JIAO TONG UNIVERSITY PRESS

内容提要

在快速变化且越来越难以预判的商业环境下，只有反应敏捷的组织才能驾驭新的浪潮。本书聚焦敏捷组织这一话题，《中国企业的敏捷组织创新》观察了互联网公司和高科技公司在提高组织灵活性和敏捷度的创新做法，运用一套工具成功帮助某领先地产企业大幅提升了组织敏捷度。《在自我颠覆中进化：海尔的组织创新探索》一文海尔集团人力资源副总裁王筱楠女士畅谈了海尔在组织、员工、激励和管理等各个方面的变革。《跨界融合+平台驱动：探索发展生物医学产业的新模式》提出借力创新平台构建多层次跨界融合的产业生态体系，将成为发展生物医学产业的新理念和新模式。此外，您还可以读到中国银行业创新、汽车消费者和麦肯锡全球研究院关于中国向生产力驱动增长模式转型的研究报告。作者为麦肯锡全球各分支机构的董事合伙人和咨询顾问。

本书可供企业高管和相关研究人员参考、阅读。

图书在版编目（CIP）数据

敏捷组织 /《敏捷组织》编委会组编.— 上海：
上海交通大学出版社，2016
ISBN 978-7-313-15262-6

Ⅰ.①敏… Ⅱ.①敏… Ⅲ.①营销管理 Ⅳ.①F713.50

中国版本图书馆CIP数据核字(2016)第141765号

敏捷组织

组　　编：《敏捷组织》编委会
出版发行：上海交通大学出版社　　地　　址：上海市番禺路951号
邮政编码：200030　　电　　话：021-64071208
出 版 人：韩建民
印　　制：上海锦佳印刷有限公司　　经　　销：全国新华书店
开　　本：889mm×1194mm 1/16　　印　　张：4.75
字　　数：75千字
版　　次：2016年7月第1版　　印　　次：2016年7月第1次印刷
书　　号：978-7-313-15262-6/F
定　　价：48.00元

导读

从2013年起开始有很多客户公司的最高决策者问我们："麦肯锡对于21世纪的组织有哪些最新的研究？"我们的观察是，在快速变化且越来越难以预判的商业环境的涤荡下，不论是矩阵式组织、事业部，还是全球化组织， 原来引以为豪的竞争优势往往成为了包袱。那么，什么样的组织才能在一波又一波的冲击下得以保全？尤其对传统型大企业来说，又该如何驾驭新的浪潮始终站在浪尖呢？这是我们近几年与客户集中探讨的话题，也是研究敏捷组织的出发点。我很高兴借夏季刊与大家分享我们的方法论和实践成果。

在长期服务中国各行业大中型企业的过程中，我们发现了传统组织的两类典型顽疾，尤其是大中型且追求高速增长的企业，以及家族企业表现得更为突出。与此同时，我们也观察到了互联网公司和高科技公司在提高组织灵活性和敏捷度的创新做法。我与同事唐蓓、潘丽红合作的《中国企业的敏捷组织创新》详细剖析了这两类管理通病，提出了相对应的转型策略和具体工具。我们也运用这一套工具成功帮助某领先地产企业大幅提升了组织敏捷度（参见第8页的案例介绍）。

传统型大企业如何实现敏捷转型一直是我着重思考的问题，我自己也深度参与了数家客户公司的转型实战。我相信，真正的敏捷组织既追求速度，又重视稳定，懂得既快又稳地发展。也就是说，它要具备两个方面的支撑，既要有高度稳定的平台、完善的结构和流程，也要具备快速行动和应变的能力。关于我和团队对敏捷组织方法论的思考，请阅读《构建既快又稳的敏捷组织》。

2016年3月8日，麦肯锡与全球组织大师和商界领袖共1500

余人发起了敏捷组织创客大赛（Agility Hackathon）。来自全球各地各个行业的参与者，让我们得以管窥不同行业所面临的敏捷性挑战和解决方案。各国工作小组共提交了69个敏捷性方案，中国区某英语教育机构的方案获得了全球第五名的佳绩。由唐蓓和卢少川撰写的《敏捷组织创客大赛：全球洞见与中国实践》一文，详细介绍了这家公司打造敏捷文化的具体做法。

创立于1984年的中国海尔集团，从单一生产冰箱起步，逐步拓展成为全球领先的美好生活解决方案提供商。在互联网时代，海尔正从制造产品转型为制造创客的平台，这是一次难度极大的自我颠覆。海尔集团人力资源副总裁王筱楠女士向Matthew Smith和唐蓓畅谈了组织、员工、激励和管理等各个方面的变革。访谈内容请阅读《在自我颠覆中进化：海尔的组织创新探索》。

在《跨界融合+平台驱动：探索发展生物医学产业的新模式》一文中，我的同事李广宇、吕文博和苏慕佳在对国内外以生物医学为主题的产业集聚区研究分析和深入的专家访谈的基础上，提出借力创新平台构建多层次跨界融合的产业生态体系，将成为发展生物医学产业的新理念和新模式。

此外，您还可以读到中国银行业创新、汽车消费者和麦肯锡全球研究院关于中国向生产力驱动增长模式转型的研究报告。

祝您开卷愉快！

张海濛
麦肯锡全球资深董事合伙人
大中华区组织与领导力发展负责人

敏捷组织

银行

网络分享

扫描二维码

关注微信公众账号

麦肯锡公司

关注《麦肯锡季刊》中文微博，我们在

http://e.weibo.com/mckinseyquarterlycn

ID：麦肯锡季刊

麦肯锡大中华区网站上的《麦肯锡季刊》专栏

http://www.mckinsey.com.cn/insights/麦肯锡季刊/

McKinsey Quarterly
敏捷组织
Agility
kindle
在Kindle上亦可阅读

敏捷组织

Agility

中国企业的敏捷组织创新

张海濛，唐蓓，潘丽红

本文在详细分析大中型企业以及家族企业组织顽疾的基础上，结合高科技公司在提高组织灵活性和敏捷度的创新实践，提出了相对应的转型策略和具体工具。

在长期服务中国各行业大中型企业的过程中，我们发现了传统组织的两类典型顽疾。它们已然成为很多中国企业的管理通病和制约瓶颈，尤其是大中型且寻求高速增长的企业，以及家族企业表现得更为突出。与此同时，我们也观察到了许多优秀的企业，尤其是互联网公司、高科技公司，在提高组织灵活性和敏捷度都有不同的创新实践。本文在详细分析这两类组织顽疾的基础上，结合我们服务客户的实战经验，提出了相对应的转型策略和具体工具。

组织原型和转型方向

第一类我们称之为官僚的中层（Hierarchical mid-management）

这类组织常见于大中型企业，其主要特征为公司等级森严，中层体系庞大且僵化、不承担责任不做决策，成为公司寻求快速增长的严重制约。具体来说表现在两个方面：过多的上下层级和繁冗固化的流程大大降低了企业决策的速度和管理效率；一线员工没有得到授权，事事都要层层请示汇报，等待指令行事，很难对快速变化的市场做出及时灵活的应对。

我们建议，此类组织转变的核心思路是“让听得见炮火声的人做及时决策”，从而提升中层管理者的积极性和企业整体效率。可考虑如下转变：

首先，在治理结构上颠覆原来自上而下的金字塔结构，成立最小经营单元（Value creation units）。各单元直接面对客户，提供端到端、以客户价值为导向的服务，独立经营、独立核算，彼此之间遵循内部市场化的规则合作和竞争。总部的角色由原先的发号施令和审批向服务转变，成为为经营单元提供资源和服务的共享平台。

其次，经营单元负责人对所在经营单元的业绩负责，能上能下。在原有的体系里，中层通常只对其所在部门的专业结果负责，导致公司里只有最高层如董事长或总裁对经营结果负责，往往结果失控。而经营单元是利润中心，其负责人直接对经营结果负责；其产生的方式也由原先的总部指定变为内部竞争上岗和“用业绩说话”。因此，经营单元的负责人需要有突出的资源整合能力，如打破部门边界，增加沟通和协调，并以结果为导向。

再次，激励机制与创造的价值需要相匹配，即从老板主观考核为主转变为价值创造决定奖金包，且可以考虑上不封顶。当员工薪酬取决于上一级的主观判断时，常常时有偏颇或沦为大锅饭；而在经营单元里，所得与其创造的价值直接挂钩，能在事先做预判，过程中客观透明公正，且充分调动积极性。

最后，理念的转变指导行为的变化，需要发挥中层管理者的主人翁和创业精神，鼓励他们树立经营者意识。在传统组织内，中层往往把自己当执行者，即领导说啥我做啥、不是我部门的事我不管。他们倾向于等待和听命上级的指令，秉着“多做多错、少做少错”的想法办事。但作为经营者，他们负责决策、同时承担风险，从而要求他们对市场和环境的变化更加敏锐。

以上各个方面的转型，需要组织上下从心态到行为上做根本改变，切忌急功近利，弃本求末，半间半界。同时我们提醒，这样的转型是整体生态系统的转变，对人员的要求较高，如果尚未具备一定的能力和条件，不建议尝试。

第二类是家族企业创始人的“一言堂”问题（Autocratic leadership）

近30年来，中国民营企业经历了一个井喷式发展的过程，然而因为缺乏合理的组织设计和科学的管理方法，许多家族企业盛极而衰。中国家族企业的通病表现在：创始人决定一切，董事会和决策机制形同虚设；创始人事必躬亲，但有限的时间往往成为事情推进的瓶颈，长此以往，对于下属而言，凡是决定了就是好的，失去了对决策优劣本身的讨论和判断。这种“以董事

（下接第7页）

（上接第5页）

长为中心”而非“以市场/客户为中心”的状态，导致了管理层只是执行者，有抱负和有能力的“职业经理人”留不住。

我们建议，家族企业应逐步走向管理专业化，可以从建立最高权力机构如执行委员会入手，并引入合伙人机制。

可以考虑选择公司最关键的5~7人组成执委会，民主讨论公司的重大事项。职业经理人成为执委时，就成为合伙人。合伙人拥有公司的股份（可以是虚拟的），利益绑定、共创事业、共享收益、共担风险，有益于凝聚和留住核心人才，培养未来领导者，盘活人力资本。而创始人本身也可以加入执委会，拥有同等的投票权利，可考虑赋予其执委人选的推荐权。

合伙人机制的外延可以进一步推广到公司的高层和中层，值得注意的是，信任和共识是合伙人制度的基石，因此必须建立严格的选举、审核和退出机制，确定合伙人对公司愿景文化价值观的认同，及合伙人之间的互信。另外，建立合理的议事机制有助于在合伙人议事时避免无效沟通和决策困难。

工具库

为了帮助企业成功实现上述转型，我们针对两类组织顽疾设计了一系列工具。我们将这些工具应用于帮助客户公司提高组织敏捷度的实践之中，取得了令人满意的成效。

如前所述，破解大中型企业的“中层组织病”，最关键的是引入内部竞争上岗机制。其指导原则是在组织内建立一个自由竞争的市场，使经营单元之间自由竞争，亦可引入外部竞争者保持并提升经营单元在相关领域的竞争力。同时，总部仅以“无形之手”规范和加以引导，包括设定“游戏规则”、奖惩机制并在必要时介入协调仲裁等。在实施中，经营单元可视情况自荐另组单元、裂变、转型、升降级或解散。

内部市场化机制可激励经营单元不断提升市场适应性和价值创造能力，并且总部能更有效地调配资源，且通过基于价值创造的管理会计系统建立一个更公平的分享机制。麦肯锡的组织健康指数调研（OHI）、深度结构性采访（DSI）、高管有效性调研等工具可用于洞察企业症结所在，帮助建立内部市场化机制。

对于家族企业的管理专业化，设立最高权力机构执行委员会是重中之重。把创始人从事无巨细的日常经营中解放出来，把公司核心人才的智慧和能力聚集起来，通过股权设置确保大家坐在一条板凳上，以支持公司可持续发展。我们可以帮助企业明确执委会和创始人各自的角色定位和职能，设计委员的选举、退出、培育机制以及执委会执行机制（如议事规则）等。

另外，工具库内还包括如何界定经营单元、如何拟定公司宪章、总部专业平台的建设等，为了实现向敏捷组织的转型，各方面都需要同步推进、落到实处。

案例

我们帮助中国某领先地产企业大幅提升了组织敏捷度。该公司经过高速成长，资产规模已接近2000亿元，董事长也是创始人持有绝大部分股份。伴随着快速发展，该公司面临的挑战也越来越严峻。一方面，在决策层面，董事长亲自上阵的风格随着公司规模的扩大变得日渐难以为继；另一方面，组织效能低下，无法及时应对市场。

为了帮助该公司应对以上挑战，我们为其量身定制了合伙人制度。具体做法是，从公司关键岗位管理者中选出了200名公司合伙人。同时辅之以三层治理模式，将合伙人分为三个类别，根据其对公司文化与价值观的认可、对公司业务的贡献、领导力潜能等赋予各自不同的权、责、利。这样设计的目的是激励合伙人的主人翁意识，同时通过授权让他们更多地参与重大决策。另外，在公司的两个关键业务部内建立了40个经营单元。鼓励经营单元展开内部市场化竞争，从而提高效率。

经过持续1年多的创新和实践，公司的业绩逆势增长，进入了行业前十，管理效率整体上了一个新的台阶，为未来的可持续发展奠定了稳定基础。

据我们估算，完成上述转型需要12~18个月。成功转型后组织的灵活性和敏捷度将得到显著提升，企业长远发展的基石得以巩固。

作者诚挚感谢同事田畋、佟丹、邓飞和陈珺对本课题的贡献。

张海濛为麦肯锡全球资深董事合伙人，大中华区组织与领导力发展负责人，常驻上海分公司；

唐蓓为麦肯锡全球副董事合伙人，大中华区组织设计和创新负责人，常驻上海分公司；

潘丽红为麦肯锡知识专员，常驻上海分公司。

构建既快又稳的敏捷组织：对话张海濛

吴春源

我们相信，真正的敏捷组织既追求速度，又重视稳定，懂得既快又稳地发展。

张海濛为麦肯锡全球资深董事合伙人，大中华区组织与领导力发展负责人。

在帮助本土和跨国公司客户提高敏捷度的实践中，麦肯锡形成了独特的方法论。我们相信，真正敏捷的组织既追求速度，又重视稳定，懂得既快又稳地发展。这看似矛盾，其实不然。企业在设计架构、治理和流程时，必须保持一整套相对稳定的核心要素，有如人体的脊梁。同时，还应该创造更为宽松和更具活力的环境，以便快速适应新的挑战和机遇。

2016年3月，在芝加哥大学香港中心举行的“面向未来的组织”会议上，麦肯锡全球资深董事合伙人张海濛讲述了他对敏捷组织的理解，以及他的团队近年来的研究和实践成果。他还特别分享了对大型成熟企业如何实现敏捷转型的思考。

《麦肯锡季刊》：敏捷组织的定义是什么？

张海濛： 我们把敏捷性定义为：以比较低的成本快速适应外部变化的能力。外部的变化包括监管环境的改变、技术的进步、客户需求的变化和竞争对手的颠覆等等。现在看来，传统的大型金字塔式的官僚组织日渐机械僵化，在适应外部变化方面表现不佳，它们必须要提高自身的敏捷性。

《麦肯锡季刊》：应怎样建立敏捷组织？

张海濛： 我认为，敏捷组织要具备两个方面的支撑，既要有高度稳定的平台、完善的结构和流程，也要具备快速行动和应变的能力。

首先是灵活。互联网企业或是创业公司有很多值得学习的地方。比如把组织打散，组成很多个创业小团队，不仅内部有竞争，相互之间也有竞争，一切以价值创造力和客户需求为导向。创业团队的成效怎么样，组织内部很快就能反映出来。同时，创业小团队还能得到组织足够的授权和资源。

但灵活并不是构建敏捷组织的全部，尤其对大企业来说。大企业需要同时强调组织的稳定性，但这个稳定并不是指传统意义上的员工终老退休，人员不流动，更多是指组织搭建了一个比较稳定的大平台。它能够减少风险，能够体现规模效应，能够给做业务、开发新产品等面向客户的团队以足够的资源支撑。

《麦肯锡季刊》：是否有一些方法论来指引敏捷组织变革行动？

张海濛： 事实上，从2013年就有很多客户开始问："麦肯锡对于21世纪的组织有哪些最新的研究？" 我们的感觉是，不管是矩阵式组织、事业部，还是全球化组织，都比较强调管控、效率和风险，更像是19、20世纪工业化大生产时代的组织形式。

新时代的组织则更多强调创新、强调快速反应、强调以客户为中心。那么怎样才能做得到？如果说谷歌、阿里巴巴跳出了传统的组织管理智慧，那么它们做了哪些不一样的事情？有哪些可供其他行业借鉴学习的？尤其是规模更大的企业。这些是我们研究敏捷组织的出发点，也是这几年我们集中研究以及与客户探论的议题。

我们对客户进行了一些试验。结果发现，无论是本土公司，还是跨国公司，在转型过程中都越来越重视敏捷性。同时我们借鉴了稻盛和夫的阿米巴组织和硅谷创业公司的一些做法。这样一边试验一边总结，逐渐形成了我们对现代敏捷组织的方法论，可以说是1.0版本(见下图），当然它是在不断更新和迭代的。

图 8个杠杆是敏捷组织运营的主要支柱

	敏捷组织抓手	稳定的主心骨	➕动态能力
架构	框／线	制定清晰的主轴心和次轴心，在此后的5-10年保持不变	灵活地增加或解散跨职能团队，每个团队都可自主运作
	角色／职责	职位描述简明扼要，阐述岗位期望和必要能力，以便在整个组织内统一	管理者鼓励员工发挥主动性，自行优先排序，为客户或者公司最好的利益而努力
	治理	制定清晰的决策框架，高管可以专注于战略决策	在组织内尽可能地深度授予和分配决策权
	界限／位置	思考建立总部中心的选择（例如，总部地址，共享服务和专业能力中心）	将外部伙伴关系作为明确的业务模式，实现技能/人才/专业能力外包
流程	流程／决策	标准化核心流程，最小化规格，运用相同的语言	利用标准流程实现动态平衡（允许控制范围内的变动，实现大范围与开放的参与，无需重新发明／澄清）
	绩效管理	绩效管理系统结构不正式，但覆盖了跨职能项目和包含大部分联合KPI，以推动协作；同僚压力	频繁审视计划、重点项目和资源配置，高频率地进行绩效管理／反馈
人员	文化	高度共享价值观，强调问责制与协作制 领导层在“如何运作公司”方面意见一致 行为	帮助员工点燃个人宗旨和激情 每天都致力于实现增长/创新 促进健康的竞争
	人才与技能	公开招聘岗位/人员配置市场 选择式招聘	

《麦肯锡季刊》：请谈谈你对中国企业敏捷性做法的观察。

张海濛：以阿里巴巴和腾讯为例，它们的大平台是数据、客户信息平台、支付平台，也包括人员管理平台，它们给集团几十个小的事业部源源不断的支持。这样每一个小的事业部就能很好利用整个集团的优势，从而避免了从零开始白手起家创业。如果没有稳定的大平台，这些事业部最终可能变成一大堆个体户的松散联盟，只追求自己的商业利益最大化，没有共享，无法协作，协作资源优化更无从谈起。

我认为，把大平台上的各个事业部凝聚在一起需要合力，包括共享的价值观、高度认可的使命感、统一的用人标准等。而合力需要好的组织管理机制来保障，这样才能构建稳定的大平台。

《麦肯锡季刊》：除了互联网企业，敏捷性对其他行业是否也适用？

张海濛：我想强调的是，这一套方法论着眼于帮助大企业甚至是全球化的企业。在传统行业，尤其是资本密集型行业具有一些共性：容错度较低，机会成本较高、历史悠久、整体员工年龄结构偏老。这类传统组织怎样做到敏捷？比如说，我们发现很多传统企业现有的IT系统跟不上业务发展的需要，强化和升级迫在眉睫。哪些需要打散、需要革新，哪些需要向互联网科技企业甚至是创业公司学习？这些都应该在方法论的指引下有计划、有步骤地去做，而不是说我今天搞个阿米巴组织，明天搞个内部竞争上岗。如果零敲碎打地学，谷歌也好，阿里巴巴也好，首先，你学不到它的核心精神。其次，构建敏捷组织是一项全面工程。你的组织架构、决策方式、内部流程和授权、员工的思维方式，这些要素都要有所改变，才能让敏捷性变革，哪怕只是一个局部的改造都有成功的希望。如果企业只是调整一下组织结构，很难达到想要的效果。所以我们认为，大企业要找到一个方法论来指引组织成功实现敏捷转型。

本文由吴春源整理。

吴春源为麦肯锡大中华区组织咨询业务总监，常驻上海分公司。

敏捷组织创客大赛：全球洞见与中国实践

唐蓓，卢少川

麦肯锡联合全球组织问题的多位专家学者和商界领袖共1500余人发起了敏捷组织创客大赛（Agility Hackathon）。其中，中国区工作小组的入选案例，为中国企业的敏捷性转型提供了非常有价值的参考。

向敏捷组织转型以适应瞬息万变的市场，正在成为越来越多企业的共同选择。那么，在转型之路上，企业面临着哪些敏捷性挑战？应如何有效应对？又有哪些好的做法值得借鉴？为探讨以上问题，麦肯锡联合全球组织问题的多位专家学者和商界领袖共1500余人，于2016年3月8日发起了敏捷组织创客大赛（Agility Hackathon）。

此次敏捷组织创客大赛的参与者十分广泛，来自全球各地不同的行业（见图1），可以帮助我们了解不同行业所面临的敏捷性问题。

图1 参与企业百分比

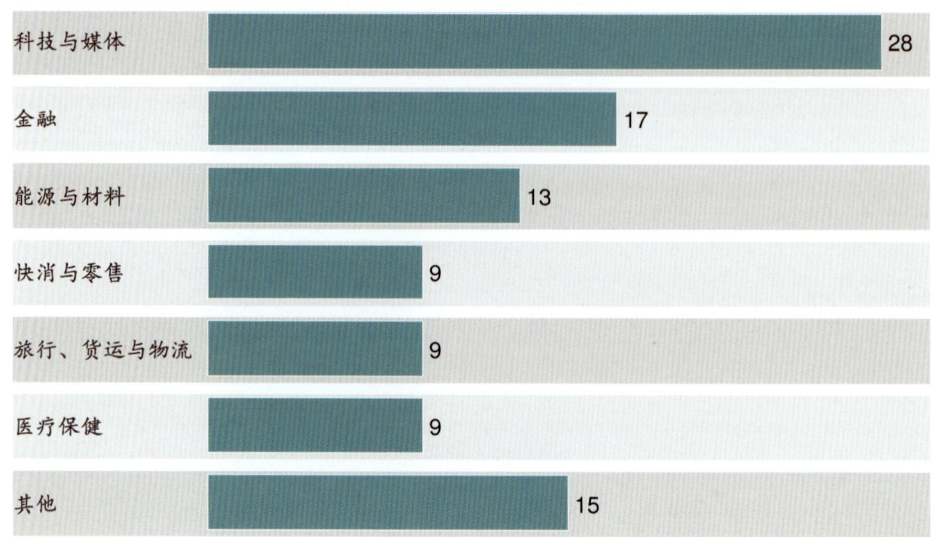

开幕。由来自哈佛商学院的组织行为专家Ranjay Gulati、Scout24的CEO Greg Ellis以及麦肯锡的组织业务咨询负责人Wouter Aghina组成的小组讨论会，为敏捷组织创客大赛拉开帷幕。

助推。主题内容专家分享了敏捷组织的11个话题，并展开讨论。话题包括“敏捷的产品开发”、“敏捷性创新”、“麦肯锡对敏捷组织的见解”、“敏捷性领导力”和“衡量敏捷度”等等。

实战。这是本次敏捷组织创客大赛的核心环节。来自115个国家的参与者组成了40个工作小组(中国区工作小组由14家公司的代表组成)，在6周内进行了3至4次的集体讨论，包括组织在敏捷性方面遇到的实际问题，可能的解决方案，并尽可能将讨论的内容在企业内进行测试或者试验，同时反馈。

检验。工作小组共提交了69个敏捷性方案，从中遴选出5个最佳解决方案，在线展示交流。中国区工作小组提交了3个方案，其中某英语教育机构的方案获得全球第五名的佳绩。

接下去，我们就中国区工作小组的想法、实践和案例进行总结和分析，希望对中国企业有所借鉴和启示。

工作小组讨论的洞见

组织向敏捷性转变实质上是一个文化变革之旅。企业文化是由价值信仰、体制、环境、架构以及人才等五个维度促成的。敏捷性组织对这五个维度的要求可以归纳如下。

首先，组织向敏捷性转变始于价值信仰的牵引。没有核心的价值信仰，各项举措就会如浮萍般没有根基。中国区工作小组中在敏捷性变革取得成功的公司都把价值信仰放在第一位，作为敏捷性体制的指引。

其次，人才维度。敏捷性领导力常见的特质包括以支持式取代命令控制式（command & control）领导方式，并将决策权下放到一线员工。在人才选拔方面，敏捷性组织对人才在价值层面和软能力层面的要求更加明确，主要的工具还是基于价值观和软胜任力的行为能力面试(competency based interview)。在面对大量候选人的时候，也有公司运用自然语言处理(Natural Language Processing)技术，从申请材料中抓取候选人在价值观和软胜任力方面的细节进行初筛。

第三，架构维度。继传统的“层级制组织结构(Bureaucracy)”和“精英制组织结构(Meritocracy)”之后，出现了“灵活组织机构(Adhocracy)”。这种灵活组织机构包含以下三个方面的特点。

围绕外部市场机会协调各项活动。在协调各项活动时，层级制组织结构依据的是程序和规章制度，精英制组织结构则凭借信息的流动和个人经验，而灵活组织机构是围绕外部机会来协调各项活动。例如，某医药企业将药品研发部门分为40个部门，让各部门围绕市场机会协调人员组成团队，竞争资金等资源。

通过试验做决策。层级制组织的决定是由层级制定（即高层决策），精英制组织的决策是通过讨论和争辩做出的，而灵活组织结构通过试验做决策，节省了内部决策的时间，直接去客户那里检验并根据反馈进行调整。

通过成就和认可激励员工。层级制组织主要通过财务手段激励员工，精英制组织采用财务和非财务激励两种方式并用，而灵活组织结构激励仅凭借非财务激励，围绕着员工在工作方面的挑战，给予员工资源的支持和充分的自主权。

围绕机会灵活自组的这种灵活组织结构越来越多，且效果很好。为了实现这种灵活，有些企业的做法值得借鉴。首先将目标部门的所有职位做两个维度的划分，一个维度是专业性职位，需要长时间且非常专精的知识和经验，另一个维度是通用类职位，技能要求没有那么高，通过相对较短的时间培训或者学习即能胜任的；然后针对第二类职位建立通用人才库（见图2），并根据每个任务项要求配备相应员工。不过，这一做法可能会导致通用型员工的职业发展机会相对较少。因此需要特别关注此类人才的挽留和职业发展。

另外，在灵活架构下，为激发员工的创造力和自主性，职位要求不应事无巨细、详尽罗列，只需要方向性或者原则性的描述，以给员工留出足够的自由发挥的空间。中国区工作小组某企业的做法是，职位描述仅作外部招聘使用，员工上岗后职位描述作为指导，避免了入职初期的无所适从。在后期的工作中，职位描述将在员工认为合适的时候淡出至完全摒弃。

第四，体制维度。在敏捷组织各话题中，绩效体制是讨论最多的体制之一。在向敏捷组织转型的过程中，很多企业尝试着引入OKR（Objectives and

图2 通用人才库示例

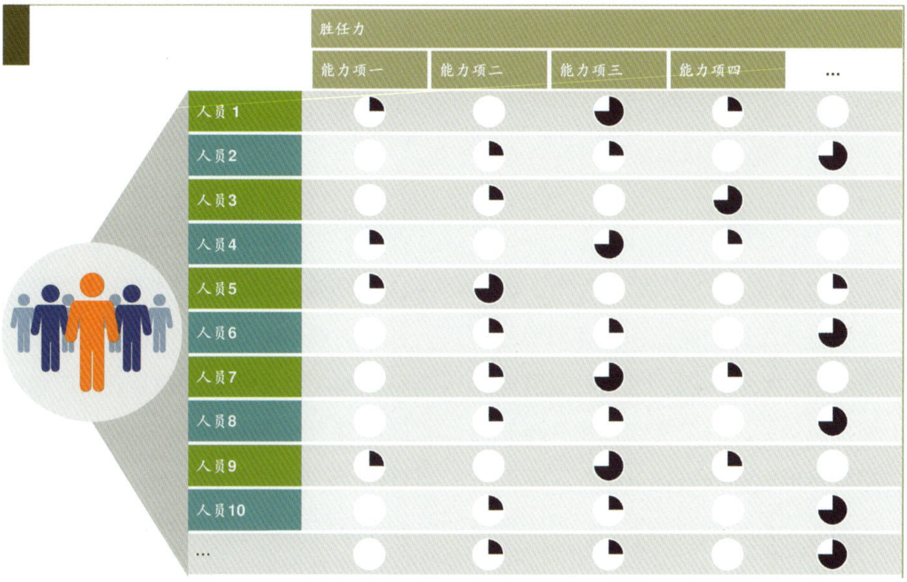

	胜任力				
	能力项一	能力项二	能力项三	能力项四	…
人员1					
人员2					
人员3					
人员4					
人员5					
人员6					
人员7					
人员8					
人员9					
人员10					
…					

资料来源：Client case example 2016

Key Results）。这首先是因为OKR给予员工很大的自主权和空间，其次OKR的即刻反馈特点比KPI半年或者年度总结更适合敏捷性的要求。

同时，越来越多的企业开始重视同级别的绩效反馈，并倾向于将绩效结果与财务奖励脱钩。但绩效的导向性仍然不容忽视，因为可能出现员工对于与KPI挂不上钩的举措和项目没有参与的热情，甚至远离。

体制也包括端到端的跨部门标准化程序，节省时间，同时也保障自主权在一定的框架下实行。

最后，工作环境维度。工作环境和恰当的文化标志物，可以让员工更充分地感受到企业所倡导的理念，从而更好地接受和践行敏捷性要求。而恰恰是这些看似微小的细节，成就了企业向敏捷性组织的转型。例如，中国区工作小组的某家公司舍弃了单独办公室，把办公空间设计为开放式，并鼓励员工去咖啡间讨论或者开会，不但促进了彼此交流，而且有利于释放员工的创新潜力。

全球共有69个案例参与本次创客大赛评选，中国区工作小组的某英语教育机构最终入选五个最佳案例。下面，我们来看看这家公司是如何打造敏捷文化的。

案例分析

A公司是某在华英语教育机构。敏捷性是其一贯追求的文化。为了打造这种敏捷性的文化，A公司从如下五个方面入手：办公室布置和员工活动；职业路径和薪酬制度；绩效考核体系；组织结构；招聘。

办公室布置和员工活动。为营造促进员工自由交流和头脑风暴的舒适氛围，所有员工，包括各级管理者都没有单独的办公室，大家共享开放空间，但设有独立的电话间。在开放空间，配有长椅和沙发，以及人造草坪和绿树。

职业路径和薪酬制度。在职业路径方面，A公司的职位描述只是在对外招聘时使用，并不对内，避免了职位描述制约员工的发展。对工作1年以上的员工开放自由的职业通道，他们可以申请其他职能部门、事业部甚至其他国家的职位。在薪酬制度方面，A公司做了大胆改革。没有依传统的薪酬形式制定每个岗位的薪酬区间，而且每个岗位的薪酬不设上限，只要该岗位所在的事业部能证明薪酬的合理性，就可以由该业务部门的领导决定。A公司的薪酬制度让员工得以在业务部门和职能之间甚至国家之间自由转换岗位。公司的初衷是希望促进灵活的职业发展，并鼓励贡献，而不是看重任职长短。

绩效考评。A公司采用KPI和OKR并行的绩效考评。KPI管理低级职位的日常绩效；对于管理层，则KPI和OKR同时采用，KPI用来考核日常工作，OKR用来鼓励新的想法、新的项目。KPI 每年审核一次， OKR则每月审核一次。

组织架构。A公司采用扁平的组织形式，组织架构上一共只有六个层级。职能部门也没有矩阵的汇报形式，所有团队带头人都直接向业务部门主管汇报，以最大化业务部门的自由决策权。业务部门和其对应的总部部门之间只是简单的支持关系，即业务部门需要总部支持的时候，总部相应的部门给予支持，除此之外并不会过多干涉。

招聘。A公司认识到，拥有成长型观念(而不是固定型观念)、有激情和创造力、有企业家精神等特质的员工才是符合敏捷组织要求的。为此，在招聘时通过反映其核心价值的“蓝色手册”，衡量候选人的价值观与公司的匹配程度；同时使用 “优缺点六项” 衡量候选人在六项行为能力方面的匹配程度。

• • •

这次敏捷性组织创客大赛揭示了各行各业在敏捷性组织方面的强烈诉求，也反映了企业在敏捷性组织方面的普遍挑战。向敏捷性组织的转型，是一个体制化文化转型的过程。中国区工作小组的入选案例，为中国企业的敏捷性转型提供了非常有价值的参考，相信会带动更多的中国企业取得敏捷性转型的成功。○

唐萿为麦肯锡全球副董事合伙人，大中华区组织设计和创新负责人，常驻上海分公司；
卢少川为麦肯锡组织业务咨询顾问，常驻北京分公司。

在自我颠覆中进化：海尔的组织创新探索

Matthew Smith，唐蓓

目前海尔在向互联网时代的平台型企业过渡，即正从制造产品转型为制造创客的平台，通过变革，海尔获得了如初创企业一般的发展活力和创新能力。

海尔集团创立于1984年，从开始单一生产冰箱起步，拓展到家电、通信、IT数码产品、家居、物流、金融、房地产、生物制药等领域，成为全球领先的美好生活解决方案提供商。一直以来，海尔视创新为企业的文化基因，积极把握时代变革、探索新的管理模式。目前海尔正在向互联网时代的平台型企业过渡，即从制造产品转型为制造创客的平台，平台上聚合了海量创客及创业小微，他们在开放的平台上利用海尔的生态圈资源实现创新成长。通过变革，海尔获得了如初创企业一般的发展活力和创新能力。

创始人兼CEO张瑞敏先生在海尔的内部讲话中提到："整个企业要从管控型组织变成投资平台，每个人不再是被动的命令执行者，而是平台上的创业者。整个组织，从原来的传统组织变为互联网组织。"这是一次难度极大的自我颠覆。在本次访谈中，海尔集团人力资源副总裁王筱楠女士与我们畅谈了海尔在组织、员工、激励和管理等各个方面的创新探索。

《麦肯锡季刊》：请您介绍一下海尔过去30多年的发展历程。

王筱楠：从1984年创立至今，海尔集团经过了名牌战略发展阶段（1984—1991年）、多元化战略发展阶段（1991—1998年）、国际化战略发展阶段（1998—2005年）、全球化品牌战略发展阶段（2005年—2012年），2012年

12月，宣布进入第五个发展阶段，即网络化战略阶段。每个战略阶段有不同的目标，而随着目标的变化组织也相应发生变化。

《麦肯锡季刊》：在互联网时代，海尔为什么再一次组织转型？

王筱楠：首先，互联网时代信息是透明的、对称的，要求生产服务与用户零距离。其次，从1984年一个很小的集体制工厂，海尔发展成为现在的跨国公司。众所周知，大企业存在各种各样的问题，比如传统的多层级组织减慢了对市场的反应速度，滞后的市场信息转化成的产品往往已不能满足用户需求；大企业的部门职责往往太过精细固化，容易滋生推诿扯皮的官僚主义。最后，从员工的角度来说，员工的驱动力也发生了变化，他们不再满足于只做执行者，而是渴望自主，渴望有个平台可以帮助他们实现理想和自我价值。

《麦肯锡季刊》：海尔现阶段的组织结构有什么特点？

王筱楠：互联网时代的到来颠覆了传统经济的发展模式，而新模式的基础和运行则体现在网络化上，市场和企业更多地呈现出网络化特征。现在海尔由小微企业和平台两部分组成。小微是直接为终端用户创造价值的最基本的单元，是在平台上独立运营、独立核算的自组织，小微是全流程的，每个节点都是围绕小微的同一目标来工作和协同。平台是指通过建立开放的体系吸引小微和外部资源到它上面运营，同时负责把平台生态圈做得越来越繁荣，从而使每个进来的利益相关方都能在平台上更快地实现价值。

《麦肯锡季刊》：平台和小微企业的关系是什么？

王筱楠：平台开放吸引各类资源，为小微提供共享的资源和服务。战略方向也是平台制定的，确保在平台上的小微发展方向是一致的。同时，平台通过公开透明的信息化系统来支持和显示小微的活动，确保“活而不乱”。

《麦肯锡季刊》：海尔目前有多少小微企业，它们是如何运营的？

王筱楠：我们一共有200多个小微，主要分为两类：转型小微和创业孵化小微，另外还有一类刚演进出来的“从转型到创业孵化类小微”。

转型小微是在海尔生态圈里，通过模式颠覆、完全市场化机制，实现从小到大的自组织，主要是从成熟产业如冰箱、空调、洗衣机等平台上自立产生的自主经营、自负盈亏的自组织，和传统组织相比，转型小微最大的不同是它的全流程节点从原来的串联流程变成现在的并联开放流程，所有各方并联在一起共同为市场创造价值。

举例来说，如营销这个节点，以前是产品生产出来之后，负责卖出去就好了，现在它要事前参与到用户交互、用户最佳体验等环节中，在产品生产出来之前，就能事先承诺用户资源和用户量。这是最大的差别。

创业孵化小微的主要特点就是聚焦新机会、新事业，从0到1，是通过新的点子和创意产生的小微。它不是谁布局出来的，而是根据用户需求自生成的、完全市场化的创业团队。创业孵化小微采用的是创业团队对赌跟投的合伙人机制。开放和吸引外部资本与创业团队对赌出资、跟投，体现资本社会化和人力社会化。在这样的团队里，员工变成创业者，对赌短期、中期、长期的目标，在每个节点对赌的目标达成后，可以分享自己创造出来的那部分价值。

《麦肯锡季刊》：海尔如何激励这些小微企业？

王筱楠：转型小微的激励原则是"同一目标同一薪源"。"同一薪源"即小微全体成员的薪酬来源于他们创造的价值。在小微实践的过程中，有小微探索出了"0030"模式。"0030"中的第一个"0"是0底薪，第二个"0"是0费用，然后"30"就是"30%的事先预留的风险金"。0底薪，0费用的基本原则就是小微的酬和费用都是根据创造的用户价值自挣出来的，不是组织分配的。超利分享的30%作为风险金，70%会用于小微团队、平台及其利益相关方的当期及未来的分享。小微的成员是根据自己实际创造出来的用户价值、对小微的贡献，来决定自己的挣酬和分享，"高价值高酬"；所有成员的薪酬必须是在小微自挣范围之内来兑现的。

对于孵化小微采用的是对赌跟投机制，是一种完全市场化、社会化的激励机制。

《麦肯锡季刊》：海尔怎样管理为数众多且独立运作的小微？

王晓楠：人力方面通过e-HR系统管理，e-HR系统中有小微自注册系统、小微人单合一对赌承诺系统、人单酬系统等，因此小微从创立开始的每一步都会有记录，这些系统保障了小微在人力方面能够自组织、自运行、自驱动。我们的大共享平台还有财务等相应的系统，来支持和管理平台上的小微。

关于海尔"小微模式"的详细介绍，敬请期待秋季刊的后续文章。
本次访谈由Matthew Smith和唐蓓完成，潘丽红和李智博整理而成。

Matthew Smith 为麦肯锡全球董事合伙人，常驻美国华盛顿D.C.分公司；
唐蓓为麦肯锡全球副董事合伙人，大中华区组织设计和创新负责人，常驻上海分公司。

银行

颠覆与连接
——解密中国互联网金融创新

倪以理，曲向军，周宁人

中国互联网金融产业未来的成功者将是那些能够巧妙运用自身在客户体验、数据分析、风险管理与成本控制等多方面优势的参与主体。

中国的互联网金融产业在过去几年以惊人的速度迅猛发展。截至2015年底，中国互联网金融的市场规模达到12~15万亿元人民币（占GDP的近20%），互联网金融用户人数超过5亿为世界第一，金融科技创业公司、创新的业务模式与解决方案不断涌现（见图1）。同时，中国互联网金融产业深受资本市场青睐，相关企业的估值远超其他行业。除了市场面的欣欣向荣，互联网金融对人们的生活方式也产生了颠覆性影响。

图1 中国互联网金融市场第三方支付占主要份额

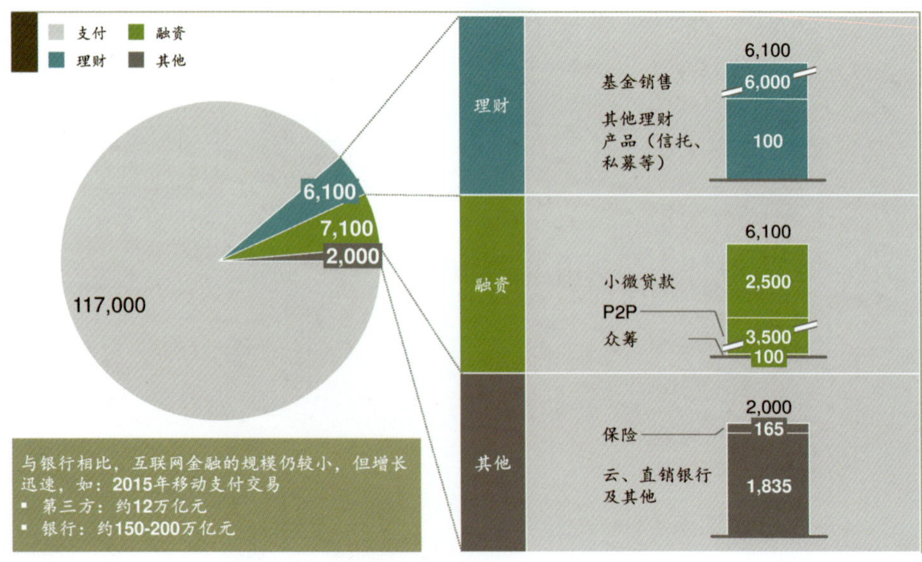

资料来源：中国互联网信息中心（CINNC）；艾瑞咨询（i-Rsearcch）；麦肯锡分析

中国的互联网金融之所以能够异军突起，离不开四大外部有利条件：①开放包容的监管环境；②发达的互联网电商业务；③未得到有效满足的庞大的普惠金融需求；④传统银行业长期的高利润奠定的试错实力。

在巨大的市场机会面前，来自不同产业的市场参与者竞相涌入，在相对宽松的环境下迎来爆炸式增长。在这之中，出现了以下三类具备独特的定位及成功要素的领航者：

来自互联网的进攻者

①产品创意本土化；②快速获客扩张；③多重场景提升客户体验；④大数据产生客户洞察；⑤以企业家精神管理人才。

传统金融机构

①多方战略合作；②全面的产品供应；③专业的风险把控能力；④实体网点成为体验店。

非金融核心企业

①线下引流进行低成本获客；②行业优势垄断地位；③全产业链数据挖掘；④线下网络提升客户体验。

未来几年，随着市场的动态发展和趋于成熟，六大机遇的巨大潜能将逐渐释放：①移动支付与理财；②线上消费金融与小微信贷；③B2B互联网金融；④金融云和基础设施；⑤大数据应用；⑥区块链等颠覆式技术。从业者应牢牢抓住时间窗口，强化自身专业技能，顺应未来发展趋势（见图2）。

图2 在未来五年应抓住六大市场机遇

1. **移动支付和理财**：线上线下结合、基于手机的移动支付带来下一个热点。财富管理进一步快速增长
2. **线上消费金融和小微信贷**：传统的消费信贷、信用卡、普惠金融各业务全面线上化
3. **B2B互联网金融**：公司银行需求更加复杂和定制化，互联网推动更高效的交易银行和资产管理业务
4. **金融云和基础设施**：节约开支，建立灵活的架构，尤其有利于大量小型从业者和非金融从业者进入
5. **大数据应用**：进入平台化、商业化阶段，精准预测消费者行为，建立实时、低成本的风险管理体系
6. **颠覆式技术**：区块链去中心化、去中介化，应用于支付、清算、交易等多领域

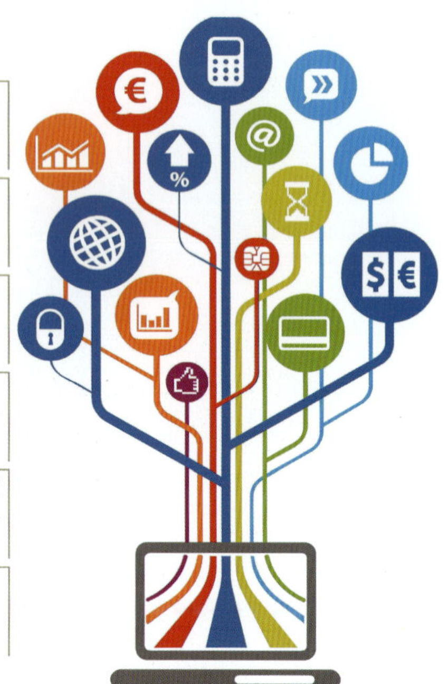

与此同时，一些尚未暴露的风险和不确定性须引起关注，包括消费者不够理性，创新产品存在设计缺陷，甚至蓄意欺诈等等。隐含的信用风险和流动性风险需要从业者谨慎应对。另外，中国监管机构决心强化对互联网金融的管理，以促进市场秩序建立与行业健康发展。从业者应作仔细评估，并关注监管政策收紧的信号。

互联网金融彰显出了从根本上打破现有金融市场格局的潜力，其当前的竞争格局尚未明确，市场参与者们可能在未来短期内发生商业模式的变化和革新，并朝着四个方向发展（见图3）。

图3 现在业者需要重新明确其定位与业务模式

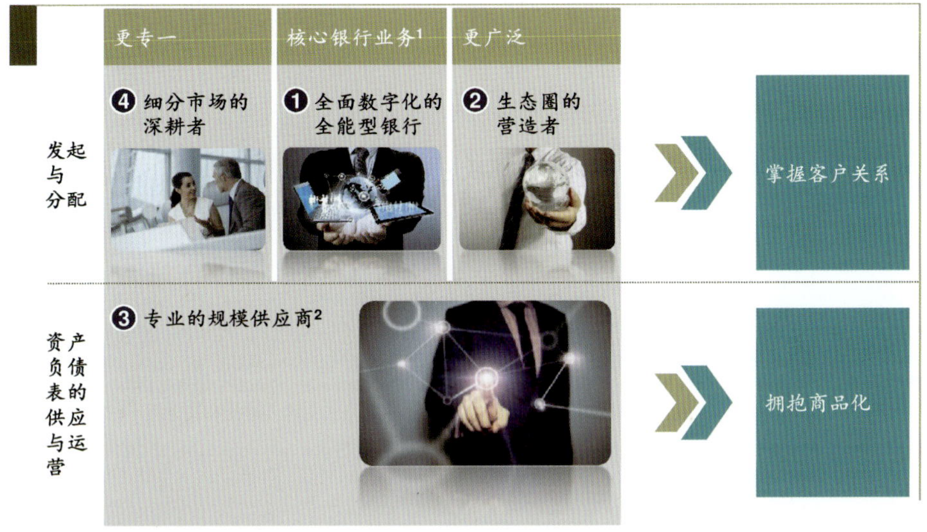

1 全面覆盖核心的银行业务条线（如：活期账户、储蓄、消费金融、按揭、企业贷款、现金管理等）
2 不一定具有公司银行或投资银行业务

资料来源：McKinsey Panorama

未来的成功者将是那些能够巧妙运用自身在客户体验、数据分析、风险管理与成本控制等多方面优势的参与主体。与互联网和数字化缔结关系的速度和深度，将决定参与者的未来地位。无论来自哪个产业，无论采用何种商业模式，从业者都必须把握其成功要素，精进其核心技能，方能在中国互联网金融市场未来整合的激烈竞争中存活并实现长足发展，立足当下，连接未来。

作者诚挚感谢同事韩峰、蓝兆君、陈晟、刘霄对本文的贡献。

倪以理为麦肯锡全球资深董事合伙人，常驻香港分公司；
曲向军为麦肯锡全球资深董事合伙人，常驻香港分公司；
周宁人为麦肯锡全球副董事合伙人，常驻上海分公司。

金融科技全面冲击银行业及银行的应对策略

Miklos Dietz，倪以理，曲向军，韩峰

金融科技业的时代已经到来，无论个别挑战者成功的几率是高是低，银行都必须在金融科技业的挑战中寻找真正重要的信号，以此来重新定位商业模式和企业文化。

2015年，全球投入FinTech（金融科技）领域的资金高达191亿美元，是2011年的近8倍。过去5年，超过400亿美元的资金流入这个领域。在强势资本的支持下，全球超过2000家的金融科技公司正在充分利用大数据、云计算、移动互联网等新兴技术颠覆传统银行的业务模式（见图1）。更重要的是，这一轮互联网金融热潮和20世纪90年代的互联网金融泡沫相比有着不可同日而语的需求支撑。截至2015年底，全球互联网用户已经超过30亿，是2001年底的6倍。

在当今由智能手机、移动互联网和“千禧一代”构成的高度数字化时代，金融科技公司正在蚕食银行最诱人的中间业务收入蛋糕。银行作为主要金融产品分销渠道的优势正在减弱，而分销恰恰是银行利润率最高的业务。麦肯锡2015年全球银行业年度评估报告预计，银行业来自业务发起与销售的股本回报率为22%，比单纯发放贷款的股本回报率高得多，后者只有6%而已。

金融科技公司最大的优势除了技术，还有专注。他们正在银行业务的各个细分领域建立以客户体验为导向、以数据技术为驱动、以互联网低成本扩张为手段的业务模式来打破银行的垄断局面，覆盖被银行忽视的客群。他们的疆域也在逐步从零售银行向中小企业和大企业业务拓展。各个细分领域独角兽级别的公司已经深切地让银行感受到金融科技公司对其传统存贷付业务的冲击。比

图1 金融科技领先企业的顾客及产品细分（2015年）[1]

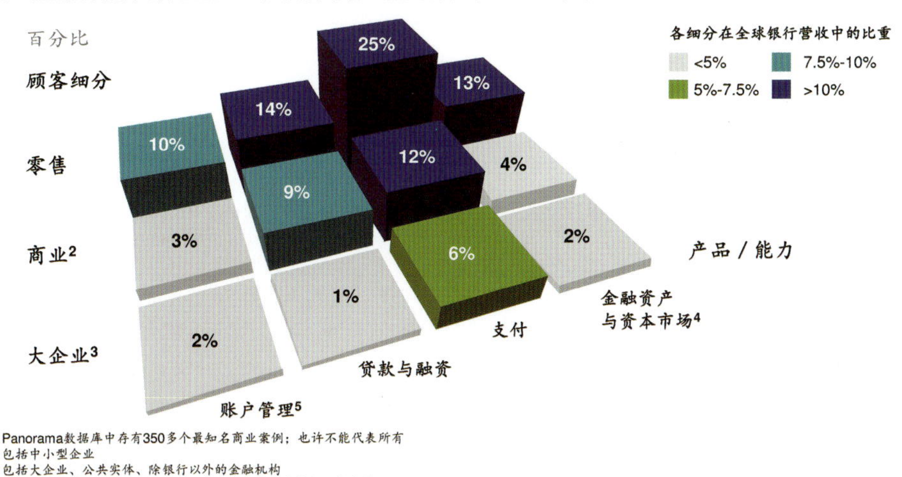

1 Panorama数据库中存有350多个最知名商业案例；也许不能代表所有
2 包括中小型企业
3 包括大企业、公共实体、除银行以外的金融机构
4 含销售与贸易、证券服务、零售投资、非结算账户存款、资产管理组织
5 营业收入中含结算账户或支票账户的存款相关收入

资料来源：麦肯锡Panorama金融科技企业数据库

如，Lending Club专注于P2P贷款，截至2016年第一季度累计撮合了190亿美元的贷款，却没有一家网点；Wealthfront专注于自动化个人资产配置，为追求低成本便捷性的“Y时代”客户提供个人理财服务，截至2016年2月，其管理资产规模近30亿美元；Square专注于移动支付，为中小企业、个体零售商提供低成本的支付解决方案，2015年第四季度单季度交易额就达到102亿美元。

回看中国，中国金融科技行业在移动互联技术和金融改革的双重助推下，也呈现爆发式增长态势。2015年，中国金融科技融资额达到历史性的27亿美元，是2014年的4.5倍，各个领域独角兽级别的公司不断涌现。面对金融科技公司的竞争，以中国平安为代表的中国传统金融业正在奋起反击。比如平安集团主导搭建的互联网资产交易平台“陆金所”，截至2015年底总交易额已经超过2500亿美元，估值185亿美元。再比如，2015年中国工商银行推出了由“融e购”电商平台、“融e联”即时通信平台、“融e行”直销银行平台三大平台和支付、融资、投资理财三大产品线组成的互联网金融服务。

在互联网金融浪潮方兴未艾的大背景下，麦肯锡在总结全球服务领先银行和金融科技公司丰富经验的基础上，为金融科技公司和商业银行各提出了以下六点建议：

成功的金融科技公司需要做到六点，才能在互联网金融的风口脱颖而出：

- 强化优越的客户获取模式；
- 坚持低成本的业务模式；
- 充分利用创造性的大数据分析能力；
- 建立针对细分客群的独特价值主张；
- 与现有体系合作共赢；
- 开展充分的监管沟通和风险管控。

传统银行需要做到以下六点，以数字化战略应对挑战：

- 全面地强化全行的数字分析和应用能力；
- 根据客户需求整合无缝的客户体验；
- 建立数字化营销能力；
- 构建数字化流程精简成本；
- 迅速应用下一代IT科技能力和开发模式；
- 建立支持数字化变革的组织架构。

金融科技业的时代已经到来。这次与上一轮的互联网浪潮是否不同？是否大多数挑战者都将以失败收场？少数成功的挑战者能否彻底改变银行业？无论个别挑战者成功的几率是高是低，要取得胜利，银行都必须在金融科技业的挑战中寻找真正重要的信号，以此来重新定位商业模式和企业文化。

作者诚挚感谢同事Somesh Khanna、Tunde Olanrewaju、Kausik Rajgopal和马奔对本文的贡献。

Miklos Dietz为麦肯锡全球资深董事合伙人，常驻温哥华分公司；
倪以理为麦肯锡全球资深董事合伙人，常驻香港分公司；
曲向军为麦肯锡全球资深董事合伙人，常驻香港分公司；
韩峰为麦肯锡全球副董事合伙人，常驻上海分公司。

区块链：银行业游戏规则的颠覆者

倪以理，曲向军，韩峰，Raphael Bick

区块链技术已成为全球创新领域最受关注的话题，受到风险投资基金的热烈追捧。

自2016年初央行表态推进拟发行数字货币之后，越来越多的金融机构开始关注起数字货币背后的创新技术——“区块链（Blockchain）”。然而，对于什么是“区块链”，以及它将对银行业带来什么影响，大多数的银行高管和从业人员仍然心存诸多疑问。

区块链技术，是继蒸汽机、电力、信息和互联网科技之后，目前最有潜力触发第五轮颠覆性革命浪潮的核心技术。该技术在金融领域的应用将完全改变交易流程和记录保存的方式，从而大幅降低交易成本，显著提升效率。在过去的一年中，区块链技术已成为全球创新领域最受关注的话题，受到风险投资基金的热烈追捧。国际各大领先金融机构也纷纷行动起来，组建了R3 CEV和HyperLedger这样的区块链技术应用联盟。一场技术标准的竞争和颠覆式创新浪潮正悄然袭来。

区块链的特性将改变金融体系间的核心准则；因其安全、透明及不可篡改的特性，金融体系间的信任模式不再依赖中介者，许多银行业务都将“去中心化”，实现实时数字化的交易。区块链的应用在虚拟货币、跨境支付与结算、票据与供应链金融、证券发行与交易及客户征信与反欺诈等五大金融场景将能产生最直接与有效的应用（见图1）。以跨境支付结算来说，区块链将可摒弃中转银行的角色，实现点到点快速且低成本的跨境支付；根据麦肯锡的测算，从全球范围看，区块链技术在B2B跨境支付与结算业务中的应用将可降低每笔交易成本约42%。

面对区块链技术迎面而来的机遇与挑战，全球领先银行已经开始积极布

图1 区块链应用的影响最可能发生在支付、交易银行、资本市场及投资银行业务

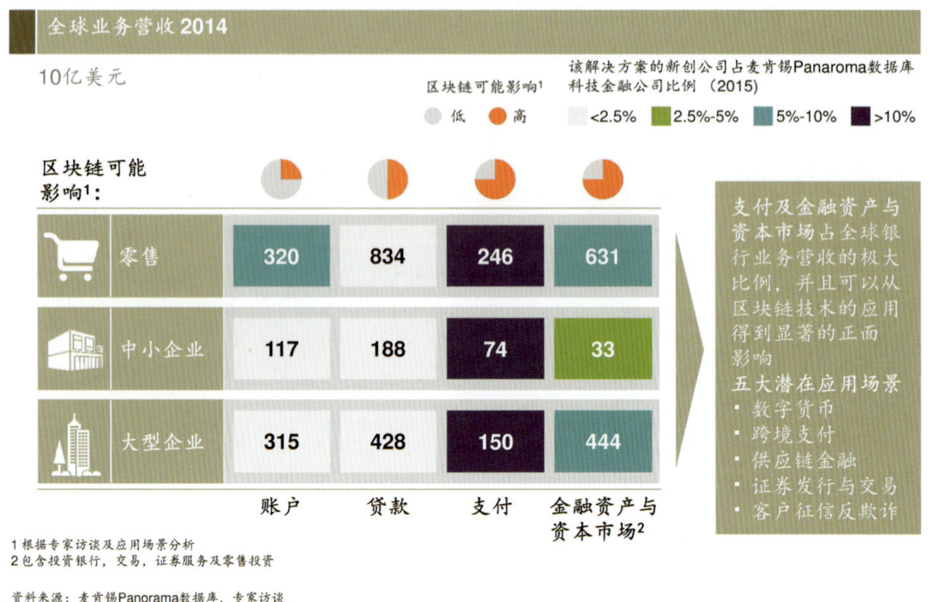

局，以抢占先发优势。各大银行目前采取的策略不一，大致可分为三类：①组建区块链大联盟，制订行业标准；如R3 CEV集结超过40家国际领先银行建立行业监管及相应的技术标准。②携手金融科技公司，发展核心业务区块链应用；如Capital One及Visa通过战略投资金融科技公司，紧抓区块链技术的突破口。③银行内部推进局部领域的应用，快速实施试点；如UBS、花旗银行、德意志银行及巴克莱银行都已经成立区块链实验室，自行研发或通过与金融科技公司的合作，针对不同的应用场景进行测试。

麦肯锡对银行高管调研显示，约有一半的高管认为三年内区块链将产生实质性影响，一些人甚至认为18个月内就会发生。中国金融机构如何在这场迅猛发展的技术革新浪潮中抓住战略机遇，从而掌握颠覆式金融模式的主动权，是所有决策者应立即予以考虑的问题。本报告分析了金融机构不可错失的四大区块链应用的商业契机：数字货币改革、跨境支付与结算、供应链金融，以及证券发行与交易（见图2）。

图2 区块链技术为国内金融机构带来的四大商业契机

1 **央行发行的数字货币**：大幅降低银行间清算结算成本和合规审计成本，并催生更多创新支付场景

2 **跨境支付与结算**：降低跨境支付与结算交易成本，提升盈利空间

3 **供应链金融**：推进流程简化和自动化、降低成本、优化客户体验

4 **证券发行与交易**：取代手工作业、提升交易结算效率、重置融资交易流程

同时，我们就中国金融机构应如何把握机遇，抓住战略机会提出了三个行动建议：①国内银行应尽快就参与区块链技术应用的策略予以明确；②快速推进业务应用场景的试点实施；③积极投资布局，小投入，广撒网，合理布局。

区块链技术的应用将开启许多令人兴奋的可能性，颠覆银行业的游戏规则并可能重塑整个行业格局。谁将是这一场颠覆式技术革命的最终赢家，我们拭目以待。

四位作者诚挚感谢同事蔡建颖、蔡容翎、齐丹和崔起对本文的贡献。

倪以理为麦肯锡全球资深董事合伙人，常驻香港分公司；
曲向军为麦肯锡全球资深董事合伙人，常驻香港分公司；
韩峰为麦肯锡全球副董事合伙人，常驻上海分公司；
Raphael Bick为麦肯锡高级数字化经理，常驻上海分公司。

引领创新，中国的银行准备好了吗？

倪以理，曲向军，韩峰

国际先进同业的创新实践表明，银行需要建立一整套完善的创新管理体制机制，才能提升效率、促成颠覆，实现规模化创新。

前所未有的严峻经营环境要求中国银行业者必须以创新求生存、图发展。一方面，中国经济增速持续放缓，利率市场化影响日益显现，互联网金融进一步加剧金融脱媒，分解和蚕食银行业务，这一切正全面冲击着中国银行业。传统业务发展及盈利能力难以为继，中国银行业必须加速产品、服务创新以适应新的客户需求和竞争环境。另一方面，颠覆式技术的迅猛发展，将可能重写银行业格局。当前是银行业正逐步迈向数字化变革的转折点，未能把握先机参与到这一轮创新浪潮中的银行，很可能在不久的将来在后互联网新常态的市场中消亡。

回顾中国银行业的发展历程，大部分的创新仍然是以渐进式改良为主，颠覆式创新成果较少。在互联网、数字化时代的今天，面对互联网行业对传统金融的冲击，中国银行业者亟需打破速度慢、效率低的传统创新模式，加大创新的投入和能力建设，推进持续性、规模化创新，进而实现真正的颠覆式创新。

国际先进同业的创新实践表明，银行需要建立一整套完善的创新管理体制机制，才能提升效率、促成颠覆，实现规模化创新。这套机制包括：将创新上升到全行战略高度，由“一把手”挂帅，亲自参与制定方向和战略；引入“硅谷”工业化模式开展创新组织工作，建立创新实验室、孵化器等新型组织机构进行项目管理和经营；实施扁平化项目管理，打破条线间隔，实行协同联动，落实配套体系；构建创新文化，鼓励全员创新；积极建立外部合作关系，开展创新布局。

麦肯锡在借鉴国际最佳实践和分析国内银行业面临挑战的基础上，提出了中国银行业培养规模化创新能力的“三步走”策略（见下图）：即定义创新，培养创新，到实现规模化创新。具体而言，中国银行业者可以把握两大未来创新方向：利用数字化技术对于现有流程做优化改造，极大提升效率和客户体验；积极布局金融科技，建立新一代金融颠覆模式，跨界融合、打造生态圈，并在此基础上积极采取六大创新举措具体推进创新业务：

图 根据国际和行业的领先实践经验，我们建议“三步走”来培养规模化创新能力

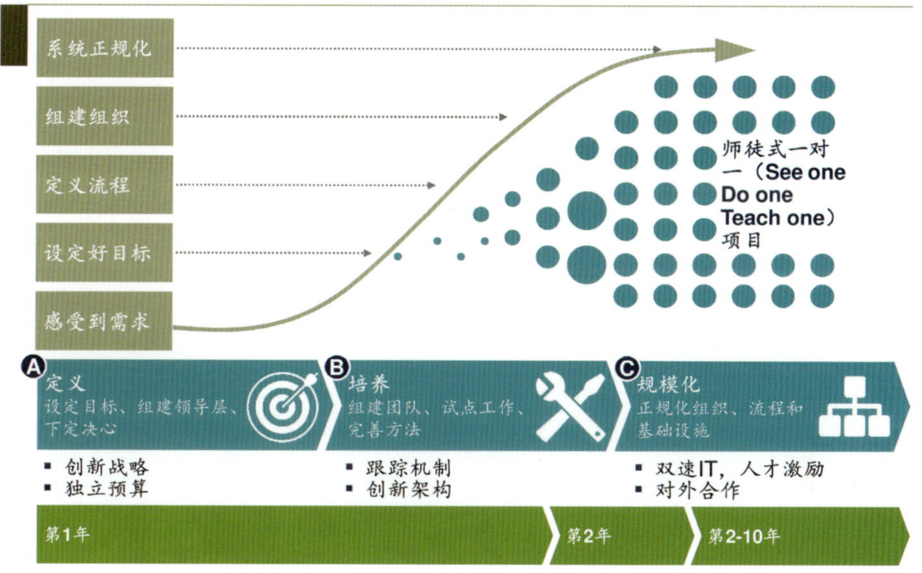

（1）制定创新战略，组建创新决策和组合管理的机制；

（2）预留创新预算，并独立审批；

（3）组织专门的创新机构，分类管理传统业务创新改造和颠覆式业务探索；

（4）小规模试点创新项目，以敏捷的管理机制加速创新迭代；

（5）构建创新文化，推动全员创新；

（6）培养风险投资能力，积极开展对外合作，加速创新布局。

未来中国银行业的成功者将是那些真正将创新融入基因的银行，他们将在新的时代和竞争环境下脱颖而出，立于不败之地，并在此基础上，开展创新、管理创新、实现规模化创新。

创新是引领企业发展的第一动力，创新与发展是现代企业永恒追求的主题。在经济增长速度放缓、利率市场化影响不断深入、互联网金融加速脱媒的今天，银行业面临着极大的生存压力和挑战；反观那些以创新为发展动力的国际领先银行和互联网金融业者所取得的巨大成就，中国银行业者必须以创新求生存、图发展，提升渐进式创新效率、探索首创性的颠覆式创新，不断开展创新、管理创新，实现规模化创新。

如同任何的组织转型一样，建设一个创新型的银行并非一日之功。创新只有依赖不断的探索超越，并持之以恒，才能以滴水穿石之力，换来基业长青。未来中国银行业的成功者将是那些真正将创新融入基因的银行，在新的时代和竞争环境下立于不败之地。

三位作者诚挚感谢同事郭小筠、陈安迪和崔起对本文的贡献。

倪以理为麦肯锡全球资深董事合伙人，常驻香港分公司；
曲向军为麦肯锡全球资深董事合伙人，常驻香港分公司；
韩峰为麦肯锡全球副董事合伙人，常驻上海分公司。

汽车

寻找快车道：
中国汽车市场发展新趋势

高旭，沙莎，Daniel Zipser，Wouter Baan

本文首先聚焦中国消费者对拥有私家车的态度转变，然后探究了汽车行业应采取哪些行动以求在快速变化的市场中保持繁荣。

经过多年两位数增长，中国汽车市场增速正在放缓。作为全球最大的汽车市场，经济降温是导致中国汽车市场下行的首要原因。

然而，人们对于汽车消费行为和态度的改变，也在汽车市场增速放缓过程中发挥着作用。为了更好地了解中国汽车消费者在做出其人生的一笔巨大消费决定时的想法和行为，我们于2016年3月对3500多名消费者进行了大规模调研。

我们的调查显示，随着中国消费者对汽车的热情有所减退，他们变得更加注重实际，而不再像以往那样将车看成是身份的象征。将近一半的调查对象将汽车视为必需品，而非身份地位的标志。对于一、二线城市居民而言，购买新车不再是出行的唯一选择——购买二手车、短时或长期租车、通过打车应用软件搭乘车辆及使用汽车共享服务等反而更受消费者青睐。另外，消费者通过数字渠道比价后，也会向经销商压价。

消费者心态的改变加上宏观经济放缓，使得中国汽车市场进入下行通道。从2010年到2015年，中国新车销量以每年超过12%的速度增长。然而，展望2020年，我们预计新车销量增长将会放缓至每年5%（见图1）。

通过调查，我们发现尽管新车销量增速放缓，一些增长新引擎也正应运而生。一半以上的消费者换新车时期望选择更好的品牌。大多数电动汽车车主表示如果换新车的话仍会坚持购买电动汽车，而愿意购买电动汽车的消费者较2011年翻了三番。消费者已经开始在网上购买汽车，这一趋势会随着汽车电商

图1 中国年均乘用车销量

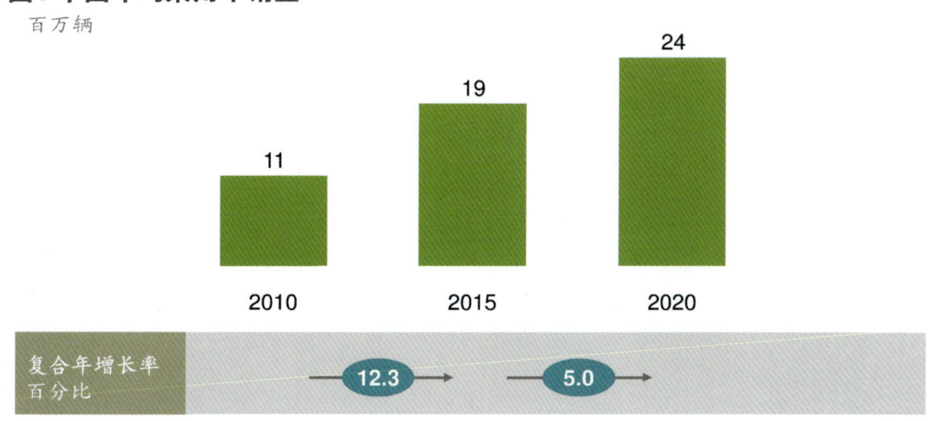

资料来源：麦肯锡2016中国汽车消费者调查

渠道的开拓进一步提速。同时，我们也很看好为消费者提供其所需汽车养护及其他实时车辆使用信息服务的汽车厂商、经销商和专业服务商。

尽管中国汽车市场增长放缓，希望购买新车和售后服务的人群数量依然巨大。在本报告中，我们首先聚焦消费者对拥有私家车的态度转变，然后探究了汽车行业应采取哪些行动以求在快速变化的市场中保持繁荣。

权衡选择：私家车的吸引力有所减退

总的说来，中国消费者仍然依赖于汽车。近一半受访车主表明汽车是生活必需品；约1/3的人说自己需要私家车。但是从某些方面来讲，私家车的吸引力正在减退。六成消费者认为汽车不再是身份和地位的象征（见图2）（中国政府的反腐行动也许打消了某些人购买豪车的愿望）。不过也有相当比例的消费者认为汽车可以体现个人的生活态度和喜好。因此，消费者对汽车品牌的选择更为广泛。

调查中37%的消费者认为，由于现在有各种移动出行方式，是否拥有私家车并不那么重要。相当一部分的消费者通过短时租车（40%），长期租车（34%），或者共享汽车（26%）等各种形式满足自己的需要，而不一定非要购买私家车。

打车应用、拼车与其他新型的出行服务正在改变消费者行为，其影响甚

图2 消费者对拥有私家车的重要性有所下降，消费者也愿意租用或者与他人共享汽车，而不一定非要购买私家车

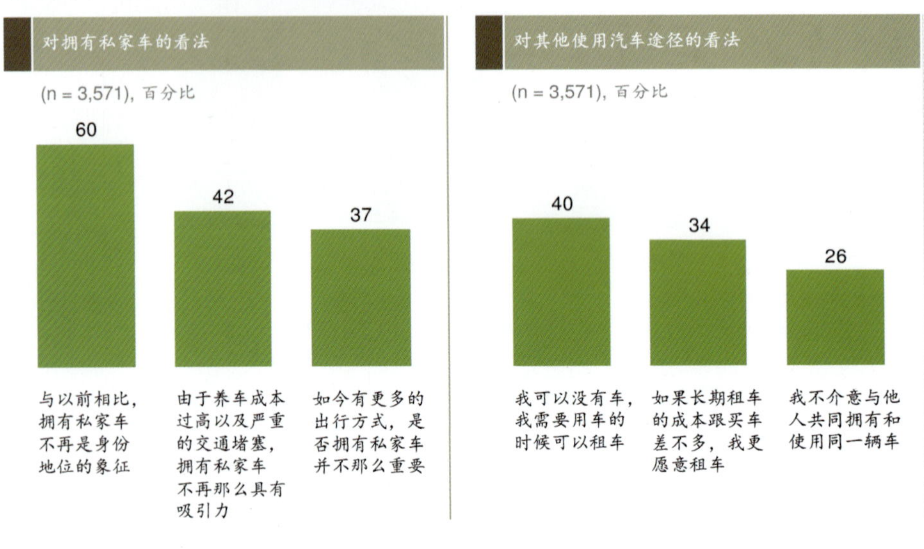

资料来源：麦肯锡2016中国汽车消费者调查

至波及新车市场。麦肯锡刚刚发布的中国数字消费者调查发现，数字消费者自从使用移动出行O2O服务以后，减少了20%的私家车出行[1]。我们预测，到2030年移动出行O2O服务将削减新车销量400万辆/年，届时汽车年销量估计为4000万辆（见图3）。但是出行服务供应商也将购入200万辆汽车用于共享服务，可对冲一部分销量缩水。我们预测，共享汽车的销量更为活跃，因为这

图3 中国汽车年销量[1]

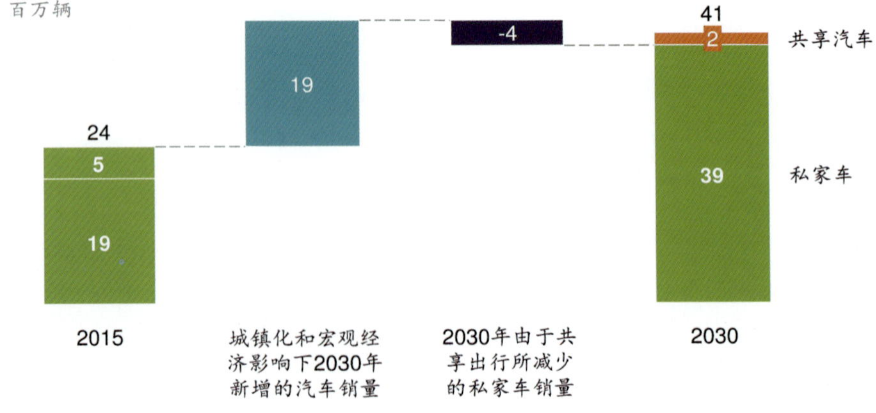

1 包括乘用车和面包车、小货车等轻型商用车，不包括巴士和其他卡车

资料来源：麦肯锡汽车2030

1 王玮、刘家明和龚方，《迎合更有经验的数字消费者，引领电商的新增长》，麦肯锡2016年4月，mckinseychina.com.

些车的使用频率更高，更换需求也更大。

以上新趋势为汽车厂商带来了一系列商机。继为腾讯成功提供企业汽车共享试点方案后，戴姆勒已经在北京、广州、上海和深圳运行汽车共享服务“随心开”（Car2Share）。其他汽车厂商可能会为手机打车软件与其他新型出行服务推出定制车型。

性价比为上：价值是首要考虑的因素

如果消费者再次打算买车，他们往往会有新的考虑因素。我们五年前对中国高档车消费者的调查发现，消费者仅把预算因素放在第四位。而这次的调查，消费者把预算提前到了仅次于品牌的第二个考虑因素，无论对于新车还是二手高档车都一样。

由于汽车厂商之间的激烈竞争，汽车价格在过去十年中每年下降4个百分点，受益的是中国的新买家。在新车价格战愈演愈烈的同时，二手车却越来越受欢迎。我们的调查显示，近一半消费者在最近一次购车过程中考虑过购买二手车（见图4）。二手车的吸引力来自其高价值：56%的消费者表示会考虑购买二手车，因为价格更低，而37%的消费者表示购买二手车是为了用同样的预算买到更好的车。

图4 越来越多的消费者认为除了新车以外，购买二手车也是不错的选择

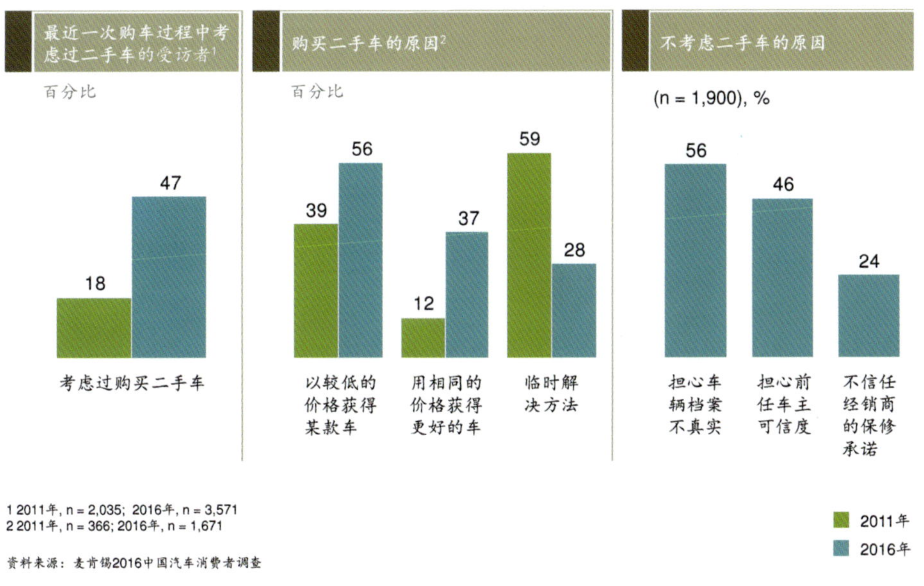

1 2011年，n = 2,035；2016年，n = 3,571
2 2011年，n = 366；2016年，n = 1,671

资料来源：麦肯锡2016中国汽车消费者调查

然而消费者对二手车尚存顾虑。我们的调查发现，最常见的两个顾虑就是车辆登记、保险、车检等证件的有效性（56%的消费者有此顾虑），以及前任车主的可信度（46%）。还有24%的消费者表示不信任经销商对二手车的保修承诺。

由于过去消费者对二手车兴趣不大，而且销售二手车的利润不高，很少有经销商重视二手车业务。然而，现在一些制造商和经销商重新把目光投向这一日益增长的市场。例如，2014年4月，中国领先的汽车经销商集团庞大与汽车垂直网站易车网以及二手车交易网站优信拍建立了合资企业，为二手车进行认证和网上销售。无独有偶，另一家领先的汽车经销商集团宝信公司推出了线上到线下的汽车销售平台——autostreets.com。宝信通过该平台提供金融、保险和维修护理预约服务。

线上购车：消费者看重信息与优惠

消费者越来越倾向于从数字媒体获取汽车的相关信息。根据调查，汽车之家等专业汽车网站和论坛是如今最受欢迎的信息渠道，58%的受访者使用了这类渠道（见图5）。也有很多的消费者使用社交网络、其他互联网社区和汽车厂商网站获取相关信息。亲友、同事的推荐仍然受到重视（在受访者中占

图5 购车时所使用的信息渠道

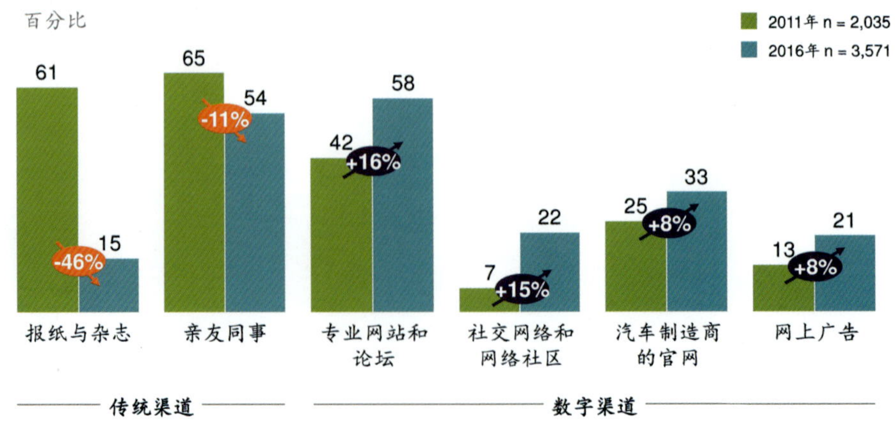

资料来源：麦肯锡2016中国汽车消费者调查

54%），但是不再像2011年调查中那样作为最重要的信息来源。

网上信息搜索让消费者认为买车应该花更少的钱，此种情况在高端市场更为突出。平均而言，受访买家希望享受到新车八五折、二手车八折的优惠。超过六成的消费者将这些期望归因于网上信息资源，因为它们让消费者更容易获得折扣。近年来，汽车厂商之间的激烈竞争拉低了汽车价格，也让消费者期望获得更大的优惠。

尽管面临着来自数字消费者的价格压力，经销商仍然有机会增加销量。近1/3的受访数字消费者表示非常愿意网购汽车。2014年“双十一”当天，消费者通过网络渠道下的汽车订单达17万辆，这是一个转折点。而在第二年的“双十一”，网购汽车订单达到了23万辆。然而，“双十一”当天录得的汽车订单中大部分并没有完成最终购买。

一些汽车厂商和经销商正在扩大其数字业务。2015年8月，近40个经销商集团加入了“汽车街”数字平台，该平台连接了线上消费者与线下经销商。另外，上汽大众等厂家也开始在网上销售新车，并针对各个数字接触点重新设计客户体验。

很多传统汽车厂商和经销商似乎很难招架电商同行，也很难整合消费者线上和线下的体验。我们建议可参考以下策略，采用先进的分析方法更准确地细分客户类型，识别消费者偏好，并针对性地提供对应产品与服务。例如，腾讯最近对三、四线城市的SUV车主进行深度剖析，探索其与一、二线城市SUV车主的区别之处。团队获取了10万多名SUV车主和潜在买家的洞察，从腾讯生态系统中挖掘了上百万条数字行为数据和社交网络使用规律，最终成功地筛选出优先进入的商圈和住宅区，也确定了各线城市对音乐、游戏、运动、度假以及社交媒体参与的不同喜好。利用这些洞察，某汽车厂商的产品营销回报率增加了超过30%。

消费升级：半数以上购车族希望提高档次

调查发现，很多计划近期购买汽车的消费者打算购买实用的车型，但更多人声称下次购车时会选购更好的车型。这印证了麦肯锡2016年3月发布的《加速前行：中国消费者的现代化之路》的发现，即55%的消费者相信未来五年其家庭收入将有所提高[2]。

当被询问是否希望在下次购车时提高汽车档次，超过一半的消费者打算升级：37%的消费者计划购买更好的品牌，16%的消费者打算选购现用品牌中更高档的车型。我们认为，一些消费者无需花费太多即可实现消费升级，即购买二手车而非新车。

我们也对各个车系的车主进行了研究，以了解他们购车偏好有何差别。法系和韩系车车主最想要选择更高档的品牌，比例分别为44%和43%。德系车车主对品牌最忠诚：36%的人表示下一辆车将是同一品牌更高档的车型。其他车系中，不到15%的车主表示会选购同一品牌更高档的车型。

对中国的汽车厂商和经销商来说，这些发现表明牢固的顾客关系比以往更重要。顾客选择其他品牌可能是因为车企短期内无法解决的问题——例如，未能制造顾客想购买的车型。

但是我们认为汽车品牌在维护甚至提升顾客的品牌忠诚度上尚有努力空间。如果现有顾客在考虑其他品牌，车企就应该深入了解顾客的需求，为顾客提供有价值的、最好是其他公司无法提供的产品特性和服务；如果顾客群比较忠诚，车企则可以详细了解自身产品的吸引力，进一步改进顾客不够满意的产品和服务。

新能源汽车：赢得更多消费者的支持

尽管销量占比少，电动汽车仍然对以价格和价值为中心的购车习惯形成了挑战。对比麦肯锡2011年和2016年的汽车消费者调查可以发现，五年来消费者对电动汽车的兴趣增长了三倍。政府补贴、税收优惠以及更低的使用成本给电动汽车带来了极大优势。在部分一线城市，电动汽车上牌比传统汽车容易得多，这也成为电动汽车的加分项。

无论购买电动汽车出于何种原因，车主对电动汽车的确是喜爱有加。在我们调查的电动汽车车主中，2/3的人对自己的车感到满意或非常满意。大部分

2 Daniel Zipser、陈有钢和龚方，《加速前行：中国消费者的现代化之路》，McKinsey & Company，2016年3月，mckinseychina.com.

图6 不购买电动汽车的原因

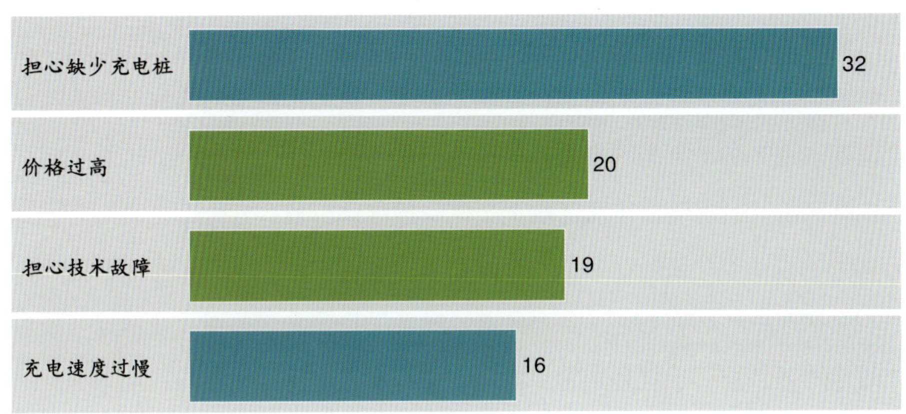

资料来源：麦肯锡2016中国汽车消费者调查

车主表示下次购车时会考虑继续购买电动汽车。

电动汽车厂商应该认识到充电桩的短缺是制约电动汽车销量增长的最严重因素。在针对非电动汽车车主的调查中，32%的人表示充电桩数量有限是他们不购买电动汽车的最主要原因（见图6），另有16%的人尤其担心充电过程会太漫长。

与国产非电动汽车品牌相比，消费者通常更喜欢国外品牌。但在电动汽车市场，情形有所不同。鉴于中国的电动汽车市场还处于早期阶段，国内外汽车品牌势均力敌。随着市场不断发展，能够快速增长的公司更有可能在竞争中取得成功。

在对北京和上海的汽车经销商的一系列秘密店访后，我们发现一些电动汽车销售方式存在改进空间。例如，销售人员通常先推销传统内燃机汽车（除非顾客在北京等城市没有车牌）再介绍电动汽车。经销商需要给予销售人员更多激励和适度培训，鼓励其销售电动汽车。我们还发现，很少有经销商允许未提前预约的购车者试驾电动汽车。允许无预约试驾或许是个相对容易实现的改变。最后，销售人员往往忽视购车者对电动汽车的真正顾虑，一味地讨论电动汽车的政策优势。为了说服半信半疑的顾客，销售人员应当更坦诚地讨论充电桩使用等普遍关心的问题。

未雨绸缪：消费者对汽车服务变得越来越挑剔

在消费者购车方式发生变化的同时，他们对维修服务、性能升级以及其他售后产品与服务的购买方式也出现了变化。比如，越来越多的客户通过数字渠道获取汽车服务方面的信息，尽管他们最为信任的信息来源仍然是亲朋好友。未来消费者会更频繁地通过线上渠道安排维修服务。性价比也变得更加重要。70%的受访客户表示在考虑购车时，售后服务质量是非常重要的考虑因素。

在选择汽车服务时，调查显示，89%的消费者对非授权经销商（授权经销商指的是4S店，也就是销售、备件、服务和调查一体店）持开放态度。然而，消费者在这方面选择的余地有限。73%的受访者表示，保险公司在很大程度上影响了他们对汽修服务商的选择，15%的受访者表示，他们对汽修服务商的选择完全取决于保险公司。

我们的调查显示，车主对汽车服务的兴趣并不仅限于基本的修理和保养服务。在调查的买车人士中，他们最为看重的是驾驶安全提示以及在恶劣天气等不利条件下如何避免汽车损耗的建议（见图7）。至于其他服务，根据受访者反馈最受欢迎的是购车捆绑的车险折扣，其次是道路救援和可以帮助车主节省事故索赔和修车时间的车险。

图7 消费者对多种类型的维修及其他汽车服务抱有兴趣

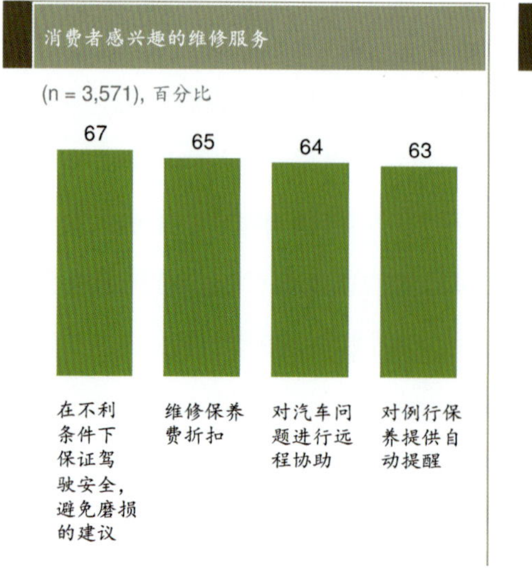

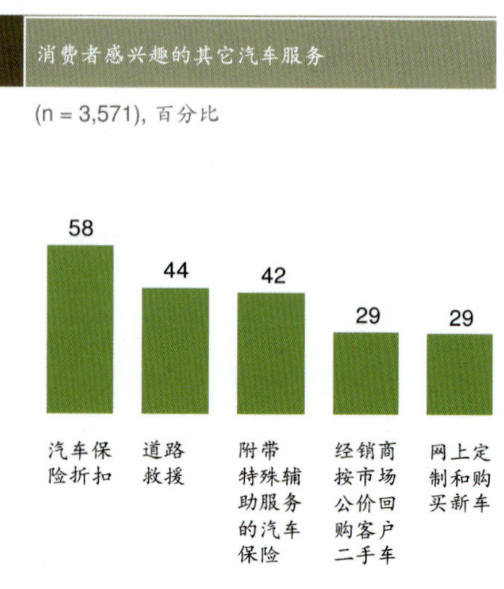

资料来源：麦肯锡2016中国汽车消费者调查

面对消费者偏好的变化，授权经销商需要应对低价独立维修店的挑战。一个行之有效的方法是，授权经销商可以向客户提供有关价格和维修的全面信息，并且清楚地解释自身服务的优势所在。由于消费者如今普遍使用数字渠道了解服务提供商，那些价格不透明的商家很可能被消费者抛弃。

• • •

尽管中国的新车销量增速在2020年前可能放缓，但对汽车厂商、经销商、服务提供商来说，这一市场仍有巨大潜力值得挖掘。消费者不再像从前那样将新车视为必需品和身份象征。然而，消费者都有各种出行需求，这意味着，二手车和共享车辆的需求有望增长。消费者仍然会购买新车，特别是在某些特定的城市群。同时，一些人会寻求更好的汽车服务。如今，中国车主越来越看重汽车的实用性，对于汽车厂商、经销商、服务提供商而言，能否满足上述不断变化的需求将成为制胜的关键所在。

四位作者诚挚感谢陈宁、徐晓琦、李丽华、Glenn Leibowitz、林琳和Josh Rosenfield对本文的贡献。

高旭为麦肯锡全球资深董事合伙人及汽车咨询业务亚洲负责人，常驻香港分公司；

沙莎为麦肯锡全球资深董事合伙人及先进制造咨询业务大中华区负责人，常驻香港分公司；

Daniel Zipser为麦肯锡全球董事合伙人及消费与零售咨询业务大中华区负责人，常驻上海分公司；

Wouter Baan为麦肯锡全球副董事合伙人，常驻北京分公司。

产业发展模式

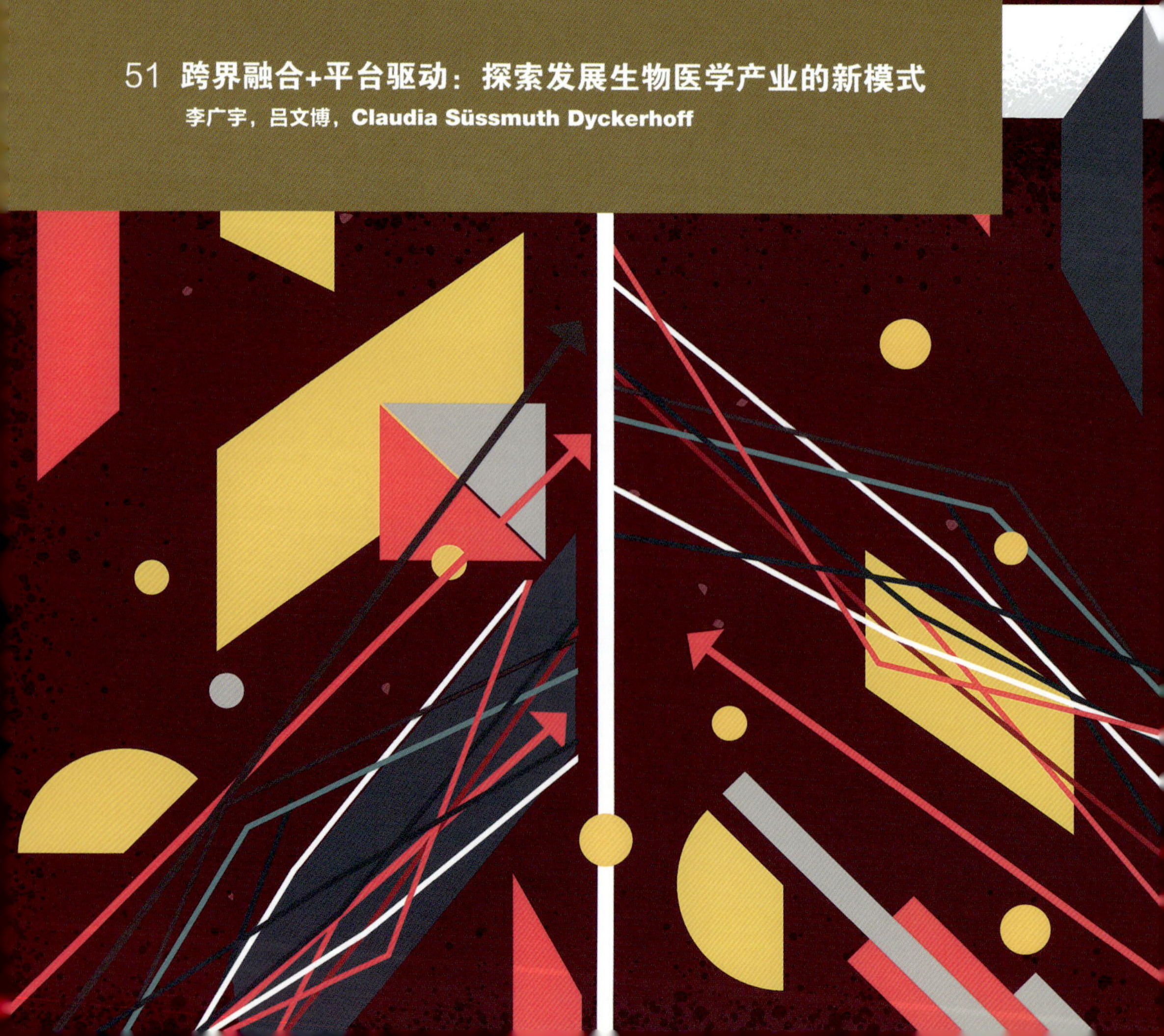

跨界融合+平台驱动：探索发展生物医学产业的新模式

李广宇，吕文博，Claudia Süssmuth Dyckerhoff

借力创新平台构建多层次跨界融合的生物医学产业体系，是新一轮医疗健康产业发展的制胜之道。

经过对国内外大量以生物医学为主题的产业集聚区的研究分析和深入的专家访谈，麦肯锡发现，借力创新平台、构建多层次跨界融合的产业生态体系，将成为发展生物医学产业的新理念和新模式。

以问题为导向，秉承创新驱动理念，构建生物医学产业体系

当今全球普遍面临医疗支出持续攀升、医疗资源分配不均等严峻挑战，中国作为发展中国家的典型代表，同样面临着“看病贵、看病难”等紧迫问题。在政府医疗支出方面，我国总体医疗支出中政府支出部分的占比从2000年的38%增长到2012年的56%，公共医疗费用支出的持续攀升给政府财政带来了越来越大的压力。

为有效应对这个我国乃至世界范围的严峻挑战，“普惠的创新医疗解决方案”将成为重要命题。因此，发展生物医学产业需要同时关注经济增长和民生改善的双重目标，从日益多样化的医疗健康需求出发，构建一个具备不断自我创新能力的产业生态体系，有效地实现“三医”（医学、医药、医疗）之间的融合，以及“三医”与新一代信息技术的跨界融合。

以跨界融合+平台驱动的创新模式打造生物医学产业体系

多层次的跨界融合

随着生物医学产业各细分领域的不断进步，以及以互联网技术为代表的信息技术的飞跃，按行业划分的产业聚集模式已逐渐被日益频繁和密集的跨领域碰撞所取代。多层次的跨界融合将带来全新的产业创新机遇，也为生物医学产业体系的发展模式注入了新思路（见图1）。

图1 通过多层次的跨界融合，探索生物医学产业聚集的新模式

资料来源：专家访谈；小组分析

医学、医药、医疗的“三医”融合：这是打通大医学产业链，实现不同产业之间相互促进、协同发展的关键。其中医疗是窗口和平台，它既为整个产业体系提供海量多样的医学样本和实验空间，同时也为产业链上游的研发和创新活动提供了需求反馈和现实依据。医药扮演的则是价值实现的角色，通过创新医药和先进医疗产品的生产制造，为医疗服务提供工具和手段，满足对医疗服务的需求，同时将医学领域的研发成果和学科创新最终转化为生产力。而医学研究则是整个体系的基础支撑，通过新一代医学科技和诊疗理念的应用，为整个产业体系提供研发和技术保障。“三医”融合通过产业链

的打通，形成从需求发掘、产品匹配、研发支持、信息反馈、创新改善到需求满足的完整闭环体系。

传统与现代、生物技术与信息技术的跨界融合：除了“三医”自身领域内的前瞻性科研技术突破，向传统药学寻求灵感以及与其他领域的前沿新兴科技进行学科交叉和技术融合也将催生产业创新机遇。现代医学科技与其他领域突破性技术的跨界融合既为传统“三医”产业带来发展新动力，又给新兴生物医学产业体系增添了一大特色，如传统药用植物有效成分提取为治疗多种疾病的药物筛选提供了广阔素材。3D打印、新材料和生物电子+干细胞技术为再生医疗创造了更多新疗法的可能性。把握这些跨界融合产生的新机遇、新模式和新概念，才能真正落实创新驱动的理念，站在未来大医学产业的发展前沿。

为了实现“三医”融合和跨界融合，需要从传统的各行业主体各自为政的模式向开源与合作的模式转变。合作既包括公司之间的合作、公司与政府及公立机构之间的合作，也包括跨地区的资源集中与共享。这就要求从初期的顶层设计开始，在愿景理念设定、发展战略制定等各个方面秉承开放合作和资源共享的理念，为产业融合发展奠定先期基础。例如，成都医学城就以“三医+”为核心理念规划设计其整体产业生态体系的发展，以期把握和挖掘生物医学产业跨界融合的创新机遇。

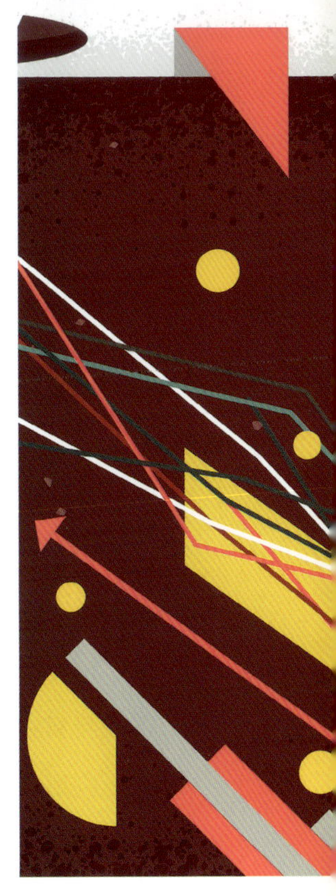

平台驱动的发展模式

通过对国内外主要生物医学产业聚集区的发展历程和具体特征的分析、总结，我们发现既往的生物医学产业发展模式普遍聚焦于**单一产业**，且强烈依赖于**政策驱动**和**要素驱动**这两类驱动因素（见图2）。

在自身禀赋并不突出，但政府发展意愿和决心强烈的地区，**政策驱动**占据主导力量。以强力的国家和政府意志

图2 生物医学产业体系发展的驱动模式

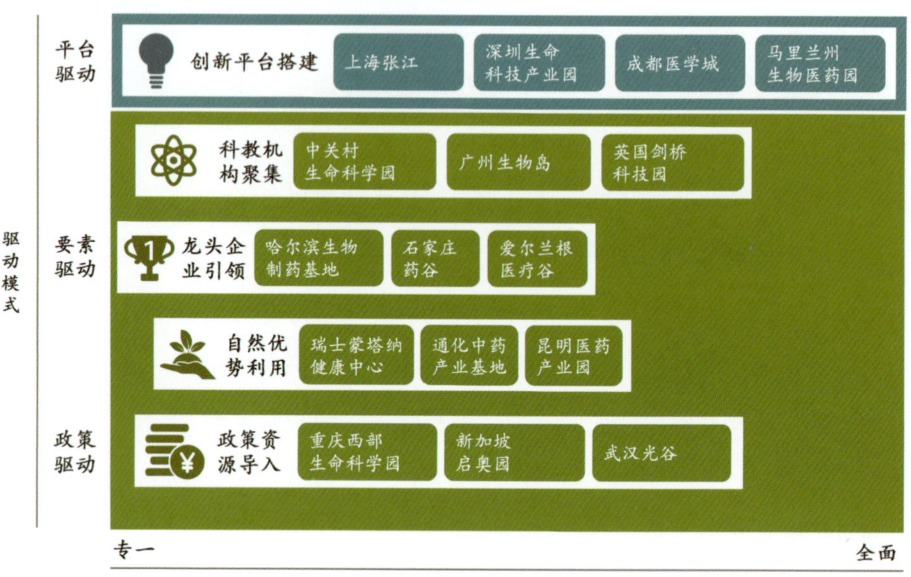

导入政策资源，通过税收、补贴、直接投资等方式推动产业集群的启动，并通过早期积累，逐渐培育企业、技术、人才等要素，实现向要素驱动转型。

新加坡政府在新千年之初，把握住了亚洲尚没有成熟的生物医药研发与制造基地这一契机，投资5亿新元启动启奥城的建设，并设立12亿新元专项基金及人才引进政策吸引国际顶尖科学家，设立7个研究院和5个实验室，奠定生物医药研发实力。而自身禀赋较为突出的地区通常利用**要素驱动**打造产业体系。如瑞士蒙塔纳健康中心利用自然环境优势，聚集医疗健康服务产业，并以先进技术支持前沿疗法的应用；德国爱尔兰根医疗谷通过已有龙头企业形成带动效应，引领医疗器械产业链上下游企业及其他企业陆续进入；英国剑桥科技园凭借强大的科教资源，以一流大学、研究机构等生命科学科研教育力量形成集聚和溢出效应，转化为医药产业化成果，带动医药产业发展。

尽管以上传统模式成功支撑了生物医学产业聚集区在单一产业上的发展，但当诸多传统行业被颠覆性新技术逐一击破，行业间的固有壁垒也渐次消解，碰撞与交互已成大势所趋。如移动互联网、云计算与基因组学、蛋白质组学的融合应用，使医疗大数据成了下一代生物医药产品开发和医疗服务管理的全新工具。以跨领域、跨行业的支撑平台带动产业发展的模式将加快生物医学产业集聚区的发展步伐。其中，产业孵化加速平台和生物医学大数据平台为两个具有代表性的支撑平台。

产业孵化加速平台指针对初创及中小型企业的需求而提供包括融资、法律、研发外包、设备共享等服务在内的针对性扶持，吸引一批跨领域的创业企业入驻，并通过正式和非正式的社交活动增进不同行业的公司相互交流、学习，催化跨领域的融合创新。如张江生物医药基地已设立孵化平台、融资平台、研发外包平台及设备共享平台，为中小型企业提供全方位支持。更进一步的是张江通过自建投资平台促进产业发展。为帮助生物医药企业应对早期产业化阶段缺乏资金的困难，张江在2009年成立了我国首个生物医药产业基金，重点吸引在生物药、医疗器械、试剂、中医药等产业领域中即将进入临床、已进入临床或已拿到新药批文的新药项目落地张江。张江的产投基金平台大大加快了园区生物医药企业产业化的进程。

生物医学大数据平台则是利用大数据平台连接患者、医疗机构、药企、研发、临床实验机构和医学研究机构等“三医”领域各重要相关方，收集并分析跨领域的医疗、医药、医学数据，促进“三医”与信息技术和生物技术的融合发展，打造围绕大数据平台的生物医学产业创新生态（见图3）。数据平台

图3 通过搭建开放的生物医学大数据平台打造生物医学产业创新生态

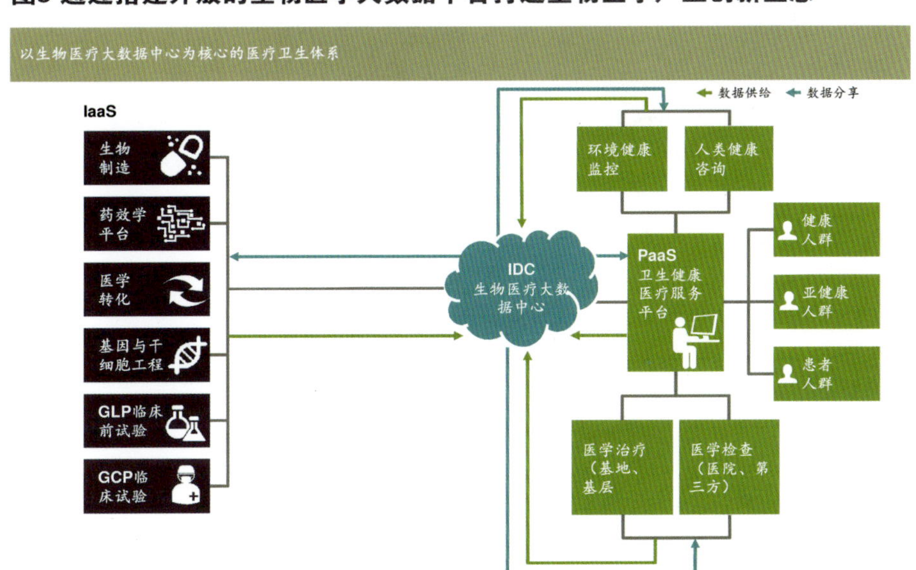

资料来源：专家访谈，文献检索；小组分析

驱动的模式有两个关键成功要素：数据整合能力和数据解析能力。而其中，数据整合是最大的挑战。尽管许多发达国家都在尝试打造医疗数据平台，但由于数据存储系统不标准、数据拥有主体较多，目前尚无成功案例。我国公共医疗数据相对集中，但挑战来自于两个方面：如何打破公共医疗体系中跨部门的壁垒，有效整合公共卫生数据；如何能够在保护患者隐私的基础上将数据对拥有大数据分析能力的市场力量开放。

• • •

当多层次融合成为产业发展的新趋势，当创新平台成为超越传统的政策驱动和要素驱动的进阶打法，以平台驱动的跨界融合模式无疑将为生物医学产业集聚区的下一轮发展提供了新的思路。o

作者诚挚感谢同事张帆、李思和李超对本文所作的贡献，作者还要感谢慷慨分享全球相关案例的以下同事：Stefan Biesdorf、Shonu Gandhi和Chris Llewellyn，以及不吝分享行业深刻见解的以下同事：Matthias Evers、Samarth Kulkarni、Jamie Cattell、王锦、张芳宁和Florian Then。

李广宇为麦肯锡全球资深董事合伙人，亚太地区基础设施咨询业务及公共部门咨询业务负责人，常驻上海分公司；

吕文博为麦肯锡全球董事合伙人，大中华区公共部门咨询业务负责人、区域经济和产业规划领域领导人，常驻上海分公司；

Claudia Süssmuth Dyckerhoff（苏慕佳）为前麦肯锡全球资深董事合伙人，大中华区医疗健康咨询业务负责人。

麦肯锡全球研究院报告

中国的选择：抓住5万亿美元的生产力机遇

Jonathan Woetzel，陈有钢，Jeongmin Seong，Nicolas Leung，Kevin Sneader，Jon Kowalski

中国站在了选择的关口：是继续原有模式，从而冒经济硬着陆的风险，还是改弦更张另觅新路？

中国在迈向成熟发达经济体的道路上已经取得了丰硕成果，但近年来出现了诸多困难和挑战，表现在GDP增速放缓、社会负债率攀升、企业业绩下滑等方面。中国站在了选择的关口：是继续原有模式，从而冒经济硬着陆的风险，还是改弦更张另觅新路？我们的分析表明，如果选择以生产力为核心的发展道路，到2030年，GDP增长将比原有模式多出5.6万亿美元（约合36万亿元人民币），家庭收入也将多增加5.1万亿美元（约合33万亿元人民币）。生产力主导的增长模式可以帮助中国渡过当前的经济困境，进而实现可持续增长和家庭收入增加。

- **投资驱动型增长模式曾经非常有效。**自1980年以来，中国的GDP增加了25倍， 6亿多人口脱贫，充分体现了其创纪录的城市化和工业化水平。中国正在向发达经济体迈进。自2010年以来，中国消费者拉动了全球1/4的消费增长。私营企业也日渐焕发活力，其资产收益率是国有企业的3倍。国有企业在20世纪90年代雇佣了60%的中国城镇就业人口，但到2015年降至15%。
- **近年来投资驱动增长模式逐渐失去了动力。**固定资本产出效率和企业回报双双下滑。如果延续该模式，经济硬着陆的风险就会增加。我们的压力测试分析表明，虽然现在官方公布的不良贷款率只有1.7%，但

（下接第60页）

5万亿美元的机遇

现行的投资驱动模式不可持续

非金融机构的**负债**翻番

	2007	2015
负债	GDP的68%	GDP的136%

企业投资资本回报滑坡

	2004	2014
回报	10.3%	7.4%

拖延的代价

投资驱动模式每延续1年，修复坏账所需成本将增加2-3万亿元人民币

到2030年，新的生产力主导模式将创造更多的...

增长

$5.6万亿

GDP的增长，对比投资驱动型增长

收入

$5.1万亿

家庭收入的增加，对比投资驱动型增长

财富

$11,200

人均收入（从2015年相当于韩国水平的25%增至55%）

五大机遇推动生产力和GDP增长

更好地服务于中产阶层消费者，其数量将翻三番

数字化推进新的经营模式

创新及沿价值链上移可将营收提高2-3倍

优化运营可提升15%-30%的生产力

"走出去"将提升10%-15%的生产力

系统性改革实现经济转型

开放更多行业的竞争

发展资本市场

推进企业重组

加强人才投资

刺激需求

提升政府部门效率

资料来源：麦肯锡全球研究院分析

（上接第58页）

到2019年可能升至15%。只要中国延续现有模式，每年应对坏账所需的花费就会增长2万亿至3万亿元人民币（约合3100万至4600万美元）。即便如此，我们认为出现系统性银行业危机的可能性并不高，更为可能的是显著的经济增长放缓。

- **中国现在有一个更好的选择应对以上挑战。**即果断转向以生产力为核心的增长模式，确保资金流向为生产力、增长和可持续就业进行投资的领域。与投资主导模式相比，到2030年，生产力主导模式将新增5.6万亿美元GDP（约合36万亿元人民币），家庭收入将新增5.1万亿美元（约合33万亿元人民币）。
- **中国具备很大的潜力提升生产力。**中国的劳动生产力仅为经合组织国家(OECD)平均水平的15%至30%。尽管一流中国企业的收益与其美国同行相差无几，但许多表现糟糕的公司拖累了平均值。中国超过80%的经济收入来自金融服务业——这种经济结构显然是失衡的。
- **到2030年，中国将有五大机遇提升生产力：**①更好地服务于中产和富裕阶层消费者可释放超过6万亿美元（约合39万亿元人民币）；②利用数字化推进新的经营模式；③通过创新及沿价值链上移，尤其是研发密集型产业，当前中国企业的收益仅为全球领先业者的1/3；④推进运营转型，如精益生产和提高能源效率等可提升15%至30%的生产力；⑤“走出去”提高竞争力，可提升10%至15%的生产力。
- **为了抓住以上机遇，需要进行系统性改革。**中国应对更多行业放开竞争，有序推进企业重组，并提高资本市场的效率。同时，需提升劳动者的技能水平来填补现有的人才缺口，并且鼓励劳动人口的自由流动。政府在推进自身流程现代化的同时，还需平衡好利益相关者间的矛盾，改变以GDP为主的管理模式和激励标准。

（下接第62页）

中国的选择：抓住5万亿美元的生产力机遇

（上接第60页）

中国向生产力主导模式和发达经济体转型将为在华企业和参与全球竞争的企业提供全新的机遇和挑战。以下是我们对企业CEO的四条建议。

1 学会自下而上地理解市场。企业不应过多关注于短期增长，而应放眼长远，关注细节。要找出在新的生产力主导模式下繁荣发展的那些领域。某些省市的市场将腾飞，因为那里的行业的生产力正在成长；反之，某些市场将衰落，因为当地经济的生产力表现不佳。举例而言，星巴克致力于实现其在中国市场的长期目标。现在，这家连锁咖啡公司在中国90多个国城市开设了1700家门店。星巴克还计划每年新开500家门店以满足中产消费者的需求。

2 大胆调整经营模式。当中国经济以两位数飞速增长时，企业忙于满足市场需求，而鲜有投入足够的精力和资源以增加其业务的国际竞争力。现在，随着增长放缓，盈利的压力可能增大，企业应当抓住机遇，专注于提升生产力，找出真正具有战略意义的资产，以及优化运营。商业环境恶化也可有力推动企业产品和商业模式的创新，并重新审视其资源分配方式以支持未来的增长。

3 为中国带来的全球竞争加剧做好准备。国内增长放缓可能迫使中国企业转向海外寻求新的机会，各国企业都应做好准备应对竞争的加剧。花时间来了解这些新的竞争者对促成合作机会是十分必要的。中国企业需要对其全球扩张进行战略性规划，选择需要优先发展的市场。中国企业的“走出去”对那些可能投资下一代汽车或半导体技术等新兴合作者而言是一大良机。

4 提高决策速度和灵活性。未来十年里，中国的政治、经济环境将是充满活力的。那些无法理解变化的环境、做出正确决策且不能敏捷行动的企业将处于严重不利地位。企业需要精简决策程序，及时获得供应商、客户和合作伙伴的频繁反馈，整合信息，做出正确的选择。对于国外的跨国企业而言，若要将提议层层上报至全球总部的决策者，可能为时已晚，可考虑决策本地化或将给本地团队授权。

• • •

中国政府已经明确表态，要从投资驱动增长模式转为更多依靠国内消费。旧模式隐含的风险非常明显，转型迫在眉睫。生产力驱动增长的新模式对中国经济大有好处，它为中国迈向发达经济体铺平了道路。○

Jonathan Woetzel (华强森)为麦肯锡全球资深董事合伙人，兼任麦肯锡全球研究院（MGI）院长及亚洲区领导人。他亦是城市中国计划（UCI）联席主席，该智库致力于研究中国城市的未来。

Nicolas Leung (梁敦临)为麦肯锡全球资深董事合伙人，大中华区总经理，常驻北京分公司；

Kevin Sneader (施南德)为麦肯锡全球资深董事合伙人，亚太区总裁，常驻香港分公司；

陈有钢为麦肯锡全球董事合伙人，常驻香港分公司；

Jeongmin Seong (成政珉)为麦肯锡全球研究院中国副院长，常驻上海分公司；

Jon Kowalski 为麦肯锡项目经理，常驻匹兹堡分公司。

关于麦肯锡全球研究院

成立25年来，麦肯锡全球研究院始终致力于深刻理解全球经济的演变。作为麦肯锡公司的商业和经济研究智库，麦肯锡全球研究院旨在为各界领袖提供商业、公共和社会等各领域的真知灼见，帮助他们制定管理决策和政策决策。麦肯锡全球研究院由麦肯锡全球董事合伙人出资，并不接受商业、政府或其他组织的委托。在宾夕法尼亚大学劳德学院“2015全球智库指数”排名中，麦肯锡全球研究院名列全球私营部门智库第一名。关于麦肯锡全球研究院的详细信息及报告下载，请访问www.mckinsey.com/mgi

McKinsey Quarterly

2008

《领导力与创新》

《中国的全球挑战》

《应对气候变化》

《女性与领导力》

2009

《危机：管理的新时代》

《医疗改革从何入手》

《政府与商界：新时期新规则》

《争夺亚洲消费者》

2010

《剧变时期的战略与领导力》

《明察战略决策偏见》

《如何在重新平衡的全球经济中竞争》

《非洲：经济增长的新大陆》

《十大技术趋势改变商业模式》

2011

《2011议程构想》

《如何重启增长》

《乐观的中国消费者》

2012

《创新中国》

《社交媒体与新消费时代》

《建设世界级的中国企业》

《城市化的中国：机遇与挑战》

2013

《识时变 驭天下: 修炼新时代领导力》

《中国新篇章》

《颠覆性技术与商业趋势》

《大数据：你的规划是什么？》

2014

《制造业复兴》

《决胜数字时代》

《管理：下一个50年》

《探路数字转型》

2015

《正念领导力》

《启航“一带一路”》

《提高你的“数字商”》

《重塑客户体验》

2016

《弄潮新消费》

《敏捷组织》

上海

麦肯锡公司上海分公司
上海市湖滨路168号
企业天地3号楼20楼
邮编：200021
电话：(86-21)6385-8888
传真：(86-21)6385-2000

香港

麦肯锡公司香港分公司
香港中环花园道3号
中国工商银行大厦40楼
电话：(852)2868-1188
传真：(852)2845-9985

深圳

麦肯锡公司深圳分公司
深圳市福田区中心四路
嘉里建设广场第三座13楼26室
邮编：518000
电话：（86-755）3397 3300

北京

麦肯锡公司北京分公司
北京市朝阳区光华路1 号
嘉里中心南楼19 楼
邮编：100020
电话：(86-10)6561-3366
传真：(86-10)8529-8038

台北

麦肯锡公司台北分公司
台北市信义路五段七号47 楼
邮编：110
电话：(886-2)8758-6700
传真：(886-2)8758-7700